人物整体造型

主　编　毛晓青

副主编　冷　蔚　解雪晴

参　编　候圣洁　郝广宏　张　萍

　　　　韩雯青　王雪英　王靖斐

　　　　李　真　徐　颖　孙广忆

　　　　李伟涛

主　审　葛玉珍

北京理工大学出版社
BEIJING INSTITUTE OF TECHNOLOGY PRESS

内 容 简 介

本书以整体造型设计工作为导向，以任务驱动为纽带，在实践基础上进行理论创新，将理论与实践、知识与技能有机结合，反映新知识、新技术、新方法。本书从平面摄影造型、晚宴造型、年代特征造型、舞台角色造型、彩绘造型五个项目进行介绍，图文并茂，注重体现做中学、学中悟的逻辑思维过程；紧跟时代步伐，顺应实践发展，拓展知识的广度和深度，以新的理论指导新的实践。

本书主要适用于热衷于美业的工作者，为掌握整体造型设计、彩绘艺术造型提供有效帮助。

图书在版编目（CIP）数据

人物整体造型 / 毛晓青主编. -- 北京 : 北京理工大学出版社, 2025.1.
ISBN 978-7-5763-4736-4

Ⅰ. J06

中国国家版本馆CIP数据核字第2025GU2461号

责任编辑：徐艳君	文案编辑：徐艳君
责任校对：周瑞红	责任印制：施胜娟

出版发行 / 北京理工大学出版社有限责任公司
社　　址 / 北京市丰台区四合庄路 6 号
邮　　编 / 100070
电　　话 / （010）68914026（教材售后服务热线）
　　　　　　（010）63726648（课件资源服务热线）
网　　址 / http://www.bitpress.com.cn

版 印 次 / 2025 年 1 月第 1 版第 1 次印刷
印　　刷 / 定州市新华印刷有限公司
开　　本 / 889 mm × 1194 mm　1/16
印　　张 / 10
字　　数 / 200 千字
定　　价 / 76.00 元

前言
PREFACE

　　形象是无声的语言，融合了审美、文化、历史与技艺，既是外在修饰，也是内在情感与身份认同的视觉表达。本书旨在引导读者探索人物造型领域，学习如何通过精心的设计，使人物内在特质与外在形象和谐统一，在日常生活中、重要场合及艺术舞台上展现风采。

　　本书基于对当代审美需求与造型艺术发展的观察。我们力求连接理论与实践，整合前沿专业知识、实用操作技能与文化底蕴。内容追踪行业动态，吸纳造型艺术领域的新理念、新技术与新规范，并由资深业内人士参与创作，确保内容的实用性与时代性。

　　每个篇章包含聚焦的主题单元，设有清晰的造型目标，图文并茂。本书强调通过实例理解原理，在实践中掌握技能，激发读者的审美感知与提升读者的动手能力。书中注重挖掘不同造型风格的文化内涵与审美意趣，将艺术熏陶与技能提升结合，提升读者的审美品位与文化素养。

　　为便于学习，内容呈现力求直观生动、可读性强。丰富的案例图片、清晰的步骤分解和实用贴士，引导读者动手尝试，掌握造型设计精髓。本书紧跟时代审美，拓展知识广度与深度，旨在满足读者提升个人形象力与艺术创造力的需求。

　　本书内容按五大主题篇章编排：

　　光影之韵——平面摄影造型：分析生活摄影、广告摄影、创意时尚摄影的不同要求，讲解镜头前造型要点。

　　华宴流光——晚宴造型：提供打造新娘晚宴（浪漫典雅）、商务晚宴（干练得体）、派对晚宴（个性张扬）形象的实用指南。

时空印记——年代特征造型：解析唐代（雍容华贵）、民国（摩登风情）、20世纪90年代港风（复古潮流）等时代的审美符号与文化精髓在造型中的应用。

角色风华——舞台角色造型：探讨塑造老年形象、主持人风采、舞蹈演员特质的舞台造型方法，展现造型艺术的表现力。

绘彩生辉——彩绘造型：从基础技法到动物模拟、创意表达，介绍面部与身体彩绘的应用，拓展造型的艺术维度。

形象塑造的艺术探索无止境，我们深知书中内容仍有完善空间，诚挚欢迎热爱造型艺术、关注个人形象的读者提出宝贵意见与建议。

编　者

目 录
CONTENTS

项目一
平面摄影造型

学习目标 ◀

1. 了解平面摄影造型的特点。

2. 掌握生活摄影造型、广告摄影造型、创意时尚摄影造型在妆面、发型、服饰等方面的基本要素，了解形象设计的意义。

3. 能够识别和避免生活摄影造型常见误区。

4. 掌握平面摄影造型的定位，能灵活运用相关知识与化妆技能，为今后的工作奠定坚实的基础。

5. 能分辨生活摄影妆、舞台妆和影视妆。

能力目标 ◀

1. 掌握化妆工具摆台和消毒工作流程，对使用过的用品能进行分类、分色、分新旧登记，能正确选择角色所使用的妆发、服饰。

2. 能根据平面摄影造型中角色自身的五官特点和气质以及行业特定要求进行妆发修饰，掌握妆发应用技巧。

3. 能将基础色、阴影色、高光色三者结合，塑造脸部五官的立体结构感。

4. 根据 TPO 原则，掌握生活摄影、广告摄影、创意时尚摄影的技巧。

5. 能够独立与顾客进行沟通并设计造型方案。

6. 能够根据色彩搭配原则设计平面人物造型。

素质目标 ◀

1. 具备一定的审美与艺术素养。

2. 具备一定的语言表达能力和沟通能力。

3. 具备良好的卫生习惯与职业道德精神。

4. 具备敏锐的观察力与快速应变能力。

5. 具备较强的创新思维能力与动手实践能力。

任务一 生活摄影造型

任务描述： 能够在 90 分钟内完成生活摄影造型。

用具准备： 底妆工具、定妆工具、化妆刷、眉笔（黑色、棕色），咖色系、米色、南瓜色、白色眼影粉，尖尾梳、发胶、黑色皮筋、唇刷、口红盘、卷发棒、鸭嘴夹。

实训场地： 化妆实训室（20 套桌椅镜台、多媒体大屏、空调）。

技能要求： 1. 能够熟练地画出适合人物特点和场合的生活摄影妆面部结构特征。

2. 熟练表现生活摄影化妆造型效果。

知·识·准·备·一 >> 生活摄影造型的妆面特点

日常生活大致可分为工作和休闲两种状态。生活摄影造型的妆面随意性较强，妆色应淡雅自然，可根据人物年龄和不同风格及场合进行修饰。妆面要自然不失真，肤色显得健康洁净，眉眼修饰不宜夸张，色彩柔和与整体风格协调统一，既要塑造出人物气质特点，又要适合场合氛围。

光线对生活摄影造型的妆面色彩的影响是极大的，同一彩妆在自然光下和在室内、夜景中所呈现的效果完全不同。想要更好地运用光线，就要了解光线是如何对化妆色彩产生影响的。

光色与妆色的关系如表 1-1-1 所示。

表 1-1-1 光色与妆色的关系

妆色	红色光	黄色光	绿色光	蓝色光	紫色光
红	失色	鲜红、稍带橙色	黑褐色	暗紫蓝色	红紫色
橙	红橙色	橙色	淡褐色	淡褐色	棕色
黄	红色	白色或失色	黄绿色	暗绿色	暗红色
绿	暗灰色	鲜绿色	淡绿色	淡橄榄绿色	暗绿褐色
蓝	暗蓝黑色	绿色	暗绿色	淡蓝色	暗蓝色
紫	红棕色	红褐色	褐色	蓝紫色	淡紫色

　　户外比室内明亮，在有雾的早晨、多云天气或没有阳光照射的地点，面部妆感会比较弱，而在明亮、直射的阳光下，容易暴露皮肤及面部的缺点，因此妆面要采用柔和的颜色，不要过于鲜艳。室内摄影时不同光线来源对妆面的影响有明显的不同，除了窗外的自然光，室内灯光通常为荧光灯和白炽灯两类。荧光灯大多用于办公室、教室、会议室、车间等。荧光灯的光偏蓝偏绿，属于冷色光，会使冷色系妆面彩度提高，暖色系妆面的明度和彩度降低，这种光线下整体彩妆以粉红色系最理想，避免使用蓝色眼影。白炽灯多应用于咖啡厅、餐厅等温馨场所。白炽灯光色偏橙黄色，属于暖色光，会使肌肤略带黄红色泽。由于光线柔和，皮肤瑕疵不明显，脸部轮廓呈现立体感，但化妆效果会变弱。这种灯光下整体彩妆以金黄色系为主，宜使用明度较高的眼影和修容粉。

　　生活摄影妆的注意事项：

　　1.底妆要薄，强调肤色的自然光泽。

　　2.用色简洁，色彩对比要弱。

　　3.线条的描画要柔和。

　　4.一般无须刻意修饰鼻子。

　　5.整体妆色设计要考虑光线的影响。

▶▶ 一、底妆表现特点

　　粉底霜涂抹宜稍薄，可使用粉底液。对于有瑕疵的皮肤要提前进行遮盖，但要注意与粉底霜的自然衔接。选择与自身肤色相近且略深一点的粉底作为底色，用比肤色稍浅的粉底在额头、鼻梁、眼周等部位进行适当立体修饰。定妆蜜粉用量也要少，以保持肤色清淡透明。

　　底妆表现特点如图 1-1-1 所示。

图 1-1-1　底妆表现特点

▶▶ 二、眼部表现特点

　　眼部的化妆不宜太夸张，眼影的晕染面积要较小，可采用平涂法和渐层法。色彩不宜过于艳丽，咖色系是生活妆中最安全的色系，但若要突出个性，也可因人而异选用其他色彩，或明亮活泼或端庄典雅，与造型目的相统一。年轻清纯造型可采用平涂法，选用明亮的粉色系或温暖的南瓜色。成熟妩媚造型可采用渐层法，选用咖色系或紫色系眼影粉。上眼线应纤细整齐，下眼线可以不画或用同色眼影粉在下睫毛根部小面积晕染。睫毛要求立体、卷翘、浓密、根根分明。

眼部表现特点如图 1-1-2 所示。

图 1-1-2　眼部表现特点

三、眉毛表现特点

眉毛以呈现自然眉形为主，眉色选择与发色相近的颜色，眉形尽量根据本人的特点和喜好，结合脸形进行调整，表现要符合造型主旨。若要表现清纯靓丽，则以清淡自然眉形为主。若要表现成熟精干，则可以选择高挑眉形精修细刻；若要表现温婉端庄，则调整成细细弯弯的眉形。

眉毛表现特点如图 1-1-3 所示。

图 1-1-3　眉毛表现特点

四、唇部表现特点

唇色与整体妆色协调统一，唇形尽量保持自然轮廓，最好不画唇线，涂色后力求唇形圆润饱满，可在唇膏上面涂唇彩或唇蜜使双唇看起来更健康清爽。清纯可爱风格，尽量使上唇圆润，唇峰靠近些，质感要自然滋润。严厉有个性风格，唇峰刻画要尖锐，可采用粉质感哑光口红。成熟妩媚风格，上唇则要丰满圆润，唇峰稍远，可采用粉质口红打底，再用透明油亮感的唇彩或唇蜜涂于唇中部，让美丽的唇形呈现非单一质感。

唇部表现特点如图 1-1-4 所示。

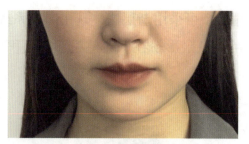

图 1-1-4　唇部表现特点

知·识·准·备·二 >> 生活摄影造型的发型特点

　　生活摄影造型的发型，重点是要根据人的气质、个性选择。年纪较小、天真烂漫的，可设计一些清纯、靓丽时尚的发型，比如多区分发、放射分发、弧线分发、锯齿分发、有层次感的外翘等，饰品可以选择一些时尚可爱的发夹、蝴蝶结及各种珠链等。比较成熟的女性发型设计可以带有浪漫、妩媚的感觉，比如卷发、盘发。

　　清纯女子发型如图 1-1-15 所示，浪漫女子发型如图 1-1-6 所示。

图 1-1-5　清纯女子发型　　　　　图 1-1-6　浪漫女子发型

知·识·准·备·三 >> 生活摄影造型的服装搭配

　　服饰在摄影造型中具有美化人物形象和刻画人物性格的作用，要根据人的身材、年龄、肤色、职业、气质等方面来搭配，不可一味追求华贵。选择服饰需注意以下两点：一是要与整体环境协调；二是要与人物的气质相符。例如，牛仔适合潇洒随意个性的年轻人，穿着时忌整齐严谨；旗袍适合端庄温婉个性的中国古典美人，能彰显中国韵味的女性魅力；休闲服饰是青春少女的最爱，能展现出人物的自信、活泼的精神风貌。衣服款式、颜色、面料要有生活气息，与设计定位相吻合，与人的气质相统一，与妆面发型协调统一，要能体现设计主旨（见图 1-1-7）。

图 1-1-7 服装搭配

知·识·准·备·四 >> 男士生活摄影造型

>> 一、男士生活摄影造型的妆面特点

男性化妆主要强调肤色均匀统一，以加强皮肤的质感为本，妆型强调阳刚之气，略带棱角，不露修饰痕迹。妆面的重点是强调眉毛、鼻梁和唇形，体现出男士的刚毅。

男士生活摄影造型的妆面特点如图 1-1-8 所示。

图 1-1-8 男士生活摄影造型的妆面特点

>> 二、男士生活摄影造型的技法

1.底妆。男士皮肤油性强，为防止脱妆，化妆前要用收缩水擦脸，尤其是 T 字部位。底妆选用与肤色相近的粉底，先打外轮廓然后晕染内部，如果皮肤瑕疵较多，可用颜色深一点儿的粉底做局部遮盖。选用男性适合的散粉定妆，粉量要少，通常只在 T 字部位定妆。

2.眼妆。生活中男性化妆一般不涂眼影，通过睫毛线强调眼形，睫毛线不能有形状，要在睫毛根处描画，做到里深外浅。

3.眉毛。通常用棕黑色或灰黑色眉笔，顺眉毛长势一根根描画，尽量保持自然形状，不留化妆痕迹。

4. 鼻子。在鼻部化妆中，用深色修容粉涂抹眼窝及鼻侧，高光色涂抹鼻梁，使鼻子更加挺直。

5. 唇。唇部化妆一般使用无色唇膏，唇形模糊者可用与唇色相近的唇线笔勾勒出略带棱角的唇形，用唇刷晕染，使唇部过渡自然，无明显痕迹。

6. 发型与服饰。男士的发型与服饰要与脸形、体形、气质及出席的场合相协调，皮鞋、腰带与包最好选用同色系。

男士摄影造型的服饰如图 1-1-9 所示。

图 1-1-9　男士摄影造型的服饰

实·践·操·作 ▶▶ 生活摄影造型

生活摄影化妆

▶▶ 一、生活摄影造型的妆面设计技巧、步骤与方法

第一步 底妆（见图 1-1-10）。先用与肤色相近的粉底均匀涂抹整个面部。再用深色和浅色粉底进行底妆立体修饰：颧骨、腮部和鼻侧采用深色，额头、眉骨、下眼袋、鼻梁、下颌用浅色提亮。最后用蜜粉细致定妆。

图 1-1-10　底妆

第二步 眉毛（见图 1-1-11）。先用浅咖色眉粉轻轻刷出底色；再用与发色相近的眉笔对眉毛进行修饰，要做到根根分明。

图 1-1-11　眉毛

操作技巧：粉底要薄，要有立体感。

第三步 眼影（见图 1-1-12）。先用米色眼影粉平涂上眼睑；再用咖色系眼影粉从睫毛根部向上进行渐层晕染。

图 1-1-12　眼影

第四步 眼线（见图 1-1-13）。先用黑色或咖啡色眼线笔勾勒眼睛轮廓；再用小号眼影刷与眼影晕染衔接；不画下眼线，用小号眼影刷在下睫毛根部小面积晕染。

图 1-1-13　眼线

操作技巧：整个眉形要自然，眼影面积要小，过渡自然，眼线要纤细明确，不可太夸张。

第五步 鼻子（见图 1-1-14）。选用阴影色画出鼻影；不可过于明显，晕染过渡自然。

图 1-1-14　鼻子

第六步 唇部（见图 1-1-15）。先用唇刷蘸取口红直接勾勒出唇形，涂色后力求唇形圆润饱满；再适当涂点唇蜜，使双唇看起来更健康清爽饱满。

图 1-1-15　唇部

操作技巧：唇峰的位置一般位于人中到嘴角的 1/3~1/2 处，勾勒上唇轮廓线稍短一些，有提升嘴角的作用，清纯造型可直接涂唇彩或唇蜜。

第七步 整体修饰（见图 1-1-16）。先用咖色系修容粉从耳际的中央颧骨处往嘴角刷饰，再蘸取腮红根据面部结构扫在脸颊所需处。

图 1-1-16　整体修饰

第八步 妆面完成（见图 1-1-17）。用散粉定妆。

图 1-1-17　妆面完成

操作技巧：脸部整体修饰时可以用圆刷涂深色眼影粉实现收缩感，要少量多次，避免突兀或脏了妆容，腮红位置和技法要符合人物造型特点，使整体更加和谐自然。

二、生活摄影造型的发型设计技巧、步骤与方法

第一步 软化头发（见图1-1-18）。用卷发棒、浪板夹改变发丝形状，软化头发。发根用压浪板进行蓬松处理，发尾使用卷发棒软化处理。

图1-1-18　软化头发

第二步 分区（见图1-1-19）。将头发分出刘海区、顶区、侧发区和后发区。

图1-1-19　分区

操作技巧：通常需要对顶区发根部压浪和发尾烫卷处理。温度控制在120~180℃，时间要短，这样头发不易受损伤。发片基面大小与发卷大小相适应，发片宽度不要超过卷发棒的宽度。不必拘泥于基本分区原则，按需要进行分配扎束。

第三步 造型（见图1-1-20）。先将顶区发根倒梳，表面梳光梳顺，拧一下固定在脑后；再将左右两侧前区松松一拧固定脑后；后区头发徒手抓起喷发胶抓蓬松，用手指略加整理拢到一只手中，拧成发髻，用暗夹固定；调整两边垂落发缕，后区散在发髻外面的发尾可用逆梳法调整。

图1-1-20　造型

第四步 搭配饰品（见图1-1-21）选择点缀型饰物，使外轮廓完整自然。

图1-1-21　搭配饰品

操作技巧：造型和配饰要与人的风格气质相协调。清纯俏丽造型要随意自然，可选用齐刘海、锯齿分发、有层次的外翘、蓬松灵动的卷发等元素。

任·务·评·价 ▶▶▶

评价标准		得分			
		分值	学生自评	学生互评	教师评定
准备工作	准备物品齐全	10			
	准备物品干净整齐	5			
	操作者仪容仪表（头发整齐，穿实训服，佩戴工牌）	5			
时间限制	在规定时间内完成任务	10			
礼仪素养	在操作中与顾客交流顺畅，动作规范轻柔，化妆台物品整洁	10			
技能操作	整体化妆造型符合人的气质特点，整体干净，有美感	15			
	底妆立体，粉底均匀服帖，皮肤质感细腻	15			
	眼影左右对称、晕染均匀过渡自然、无明显分界线，眼线流畅，眉毛、睫毛自然生动，唇形自然饱满，符合造型特点	20			
	发型与脸形、气质相协调	10			
合计					

综·合·运·用 ▶▶▶

　　化妆师美美接到了平面摄影造型中的优雅端庄女子与朋友聚会时的人物造型设计工作，她应从哪几方面进行沟通？在设计时应注意些什么？

任务二　广告摄影造型

任务描述：能够在 90 分钟内完成广告摄影造型。

用具准备：底妆工具、定妆工具、化妆刷、眉笔（黑色、棕色）、咖色系、米色、南瓜色、白色眼影粉、尖尾梳、发胶、黑色皮筋、唇刷、口红盘、卷发棒、鸭嘴夹。

实训场地：化妆实训室（20 套桌椅镜台、多媒体大屏、空调）。

技能要求：1. 能够熟练地画出适合人物特点和场合的广告摄影妆面部结构特征。

　　　　　　2. 熟练表现广告摄影造型效果。

知·识·准·备·一　广告摄影造型的妆面特点

广告摄影是与其他摄影门类全然不同的领域，越来越多地表现为整体广告活动的一部分，并常常与电视广告、POP 广告以及企业的形象策划等密切配合，在内容和形式上具有整体性。广告摄影早已深入社会生活的各个领域，如各种商品目录，形形色色的海报、简报、杂志封面、插图，以及时装宣传等，在现代商业社会扮演着举足轻重的角色。

一、底妆表现特点

使用粉底刷将粉底液大面积涂抹于整个面部并晕开。对于有瑕疵的皮肤要进行遮盖，用粉刷以拍的形式打底，脸颊外侧和脖子位置轻扫即可，要注意与粉底液的自然衔接。额头高光呈"放射状"；提亮眉骨，使内轮廓更清晰；鼻梁高光最窄，向下逐渐变宽；眼下高光不要太高，且范围不超过眉骨；下颌高光范围加宽。在下颌底线位置轻刷暗影，使下颌线条更加清晰；从颧骨外侧向内以圆弧形画到颧弓下线，使颧骨看似前移；眼窝处画鼻影晕染，"海鸥线"向鼻翼沟晕染，鼻头画尖；高光提亮鼻梁和鼻尖。使用粉扑蘸取散粉，轻轻按压整个面部，最后使用掸粉刷扫去浮粉，使面部看起来更佳。

底妆表现特点如图 1-2-1 所示。

图 1-2-1　底妆表现特点

二、眼部表现特点

若要突出个性，选用色彩要因人而异，或明亮活泼或端庄典雅，与造型目的相统一。年轻清纯造型可采用平涂法，选用明亮的粉色系或温暖的南瓜色，成熟妩媚造型可采用渐层法，选用咖色系或紫色系眼影粉。以欧美广告摄影造型为例，眼部化妆采用结构法画法，打造欧美眼妆，咖色眼影为主色，珠光眼影打造强烈对比效果，使眼窝更加深邃；上眼线眼尾部分可适当加粗，增长眼裂，放大眼睛；睫毛要求立体、卷翘、浓密、根根分明。

眼部表现特点如图 1-2-2 所示。

图 1-2-2　眼部表现特点

三、眉毛表现特点

眉色选择与发色相近的颜色，眉形尽量根据本人的特点和喜好，结合脸形进行调整，表现要符合造型主旨。若要表达清纯靓丽，则以清淡自然为主；若要表达成熟精干，则可以选择高挑眉形精修细刻，若要表达温婉端庄则调整成细细弯弯的眉形。以欧美广告摄影造型为例：要使用修眉刀修饰眉毛接近于欧式眉，使眉眼间距拉开，画上挑的欧式眉，用遮瑕膏修饰眉毛边缘，用拉线笔画出眉头的毛流感。

眉毛表现特点如图 1-2-3 所示。

图 1-2-3　眉毛表现特点

四、唇部表现特点

清纯可爱风格，尽量使上唇圆润，唇峰靠近些，质感要自然滋润。严厉有个性风格，唇峰刻画要尖锐，可采用粉质感哑光口红。成熟妩媚风格，上唇则要丰满圆润，唇峰稍远，可采用粉质口红打底，再用透明油亮感的唇彩或唇蜜涂于唇中部，让美丽的唇形呈现非单一质感。以欧美广告摄影造型为例：在人中沟位置增加立体感；选择偏棕色口红，可适当增加嘴唇比例，勾画出唇线，并填充口红。

图 1-2-4 唇部表现特点

唇部表现特点如图 1-2-4 所示。

知·识·准·备·二 ▶▶ 广告摄影造型的发型特点

广告摄影发型，重点是要根据广告类型和拍摄对象的气质、个性进行选择。广告摄影造型的发型应紧跟时尚潮流，通过创新剪裁和色彩搭配展现时尚感，与广告主题和产品定位相匹配，体现品牌风格。适应不同光线和拍摄角度，保持最佳状态。具有视觉冲击力，吸引观众注意力，体现个性化，反映模特特点。同时需要精细的细节处理，确保发型在高清摄影下的完美呈现，耐久性强，适应长时间拍摄需求。

清纯女子发型如图 1-2-5 所示，浪漫女子发型如图 1-2-6 所示。

图 1-2-5 清纯女子发型

图 1-2-6 浪漫女子发型

知·识·准·备·三 ▶▶ 广告摄影造型的服装搭配

根据广告类型选择衣服的款式、颜色、面料，与设计定位相吻合，与拍摄对象气质相统一，与妆面发型相协调，要能体现设计主旨。

服装搭配如图 1-2-7 所示。

图 1-2-7 服装搭配

实·践·操·作 ➤➤ **广告摄影造型**

广告摄影造型视频

➤➤ 一、广告摄影造型的妆面设计技巧、步骤与方法

第一步 打底（见图 1-2-8）。使用粉底刷将粉底液大面积涂抹于整个面部并晕开，对于有瑕疵的皮肤要进行遮盖。可以用粉刷以拍的形式打底，特别是眼睛下面的部位，脸颊外侧和脖子位置轻扫即可，要注意与粉底液的自然衔接。

第二步 高光（见图 1-2-9）。首先，额头位置的高光部位从眉间开始以放射状涂抹于额头中央，眉间厚度最厚。其次，需要提亮眉骨，使内轮廓更加清晰，转折更加明显，打造深邃眼窝。鼻梁的高光从眉间高光顺延而下，山根位置最窄，向下逐渐变宽，突出骨相中庭的饱满，使鼻梁撑起整个面部的立体感。对于内轮廓眼下三角区的提亮，提亮面积最宽的位置不应该超过眉骨的最宽处，重点突出颧骨的立体感。再次，将唇珠位置和下颌位置进行提亮，使嘴唇看起来突出一些。最后以点拍的方式将面部高光晕开，使高光更加服帖且与粉底自然衔接。

图 1-2-8 打底

图 1-2-9 高光

操作技巧：粉底要轻薄，打造面部立体感，底妆自然服帖。

第三步 阴影（见图 1-2-10）。 在下颌底线位置轻刷暗影，使下颌线条更加清晰。从颧骨外侧向内以圆弧形画到颧弓下线，使颧骨看似前移。

图 1-2-10　阴影

第四步 定妆（见图 1-2-11）。 使用粉扑蘸取散粉，轻轻按压整个面部，最后使用掸粉刷扫去浮粉，使面部看起来更佳。

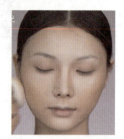

图 1-2-11　定妆

操作技巧：阴影和底妆衔接自然，塑造立体感。

第五步 修容（见图 1-2-12）。 鼻部：从眉头下方向眼窝处上方晕染，晕染面可以适当增宽一些，向前到鼻梁外侧逐渐向下晕染，颜色逐渐减淡。

　　鼻底：从鼻翼底呈倾斜的状态向鼻翼沟位置逐渐晕染，鼻尖可修饰得微尖一些。

　　最后补充鼻梁高光。

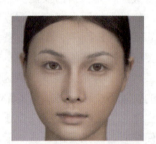

图 1-2-12　修容

第六步 眼影（见图 1-2-13）。 利用结构法的画法修饰眼部。从眼尾位置上色，逐渐填充睫毛根部后向上晕染，眼影面积为内窄外宽，外眼角位置向外扫开，逐渐延伸到眼窝处，形成眼窝线。下眼影由外眼角下方向内眼角方向由深到浅画，深色眼影占 1/3 位置。选取珠光眼影从眼头开始填充到眼窝处，与结构线形成对比，用深咖色眼影加深眼部结构，使眼睛更加深邃。

图 1-2-13　眼影

操作技巧：重点在鼻梁及鼻尖进行提亮，塑造挺拔立体的鼻部。眼影使用珠光眼影打造强烈的对比效果，塑造深邃的眼窝。

第七步 眼线（见图 1-2-14）。 从眼头到眼尾的方向描画睫毛线。下眼线使用深咖色从眼尾向内描画，颜色逐渐变浅。

图 1-2-14　眼线

第八步 睫毛（见图 1-2-15）。 粘贴浓密的假睫毛，放大双眼，下睫毛可刷睫毛膏，如睫毛过稀可画出下睫毛。

图 1-2-15　睫毛

操作技巧：眼尾可适当加粗，增长眼裂，放大眼睛。

第九步 眉毛（见图 1-2-16）。选用深咖色描画欧式眉，可略微上挑一些，打造眉骨的立体感。

图 1-2-16　眉毛

第十步 腮红（见图 1-2-17）。选择偏淡紫色的腮红，在内轮廓提亮。

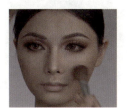

图 1-2-17　腮红

操作技巧：可使用遮瑕膏修饰眉毛边缘，使用拉线笔画出眉头毛流感。

第十一步 唇妆（见图 1-2-18）。在人中位置增加立体感。选择偏棕色调口红，在嘴唇上涂一层透明的唇油，增加嘴唇的滋润感。

图 1-2-18　唇妆

操作技巧：唇峰的位置一般位于人中到嘴角的 1/3~1/2 处，可适当增加嘴唇比例，勾画出唇线，并填充唇膏。

二、广告摄影造型的发型设计技巧、步骤与方法

第一步 软化头发（见图 1-2-19）。用直板夹改变发丝形状，软化头发。

图 1-2-19　软化头发

第二步 分区（见图 1-2-20）。将头发分出刘海区、侧发区、后发区和顶发区。

图 1-2-20　分区

操作技巧：通常需要对顶区发根部压浪和发尾烫卷处理。不必拘泥于基本分区原则，按需要进行分配扎束。

第三步 造型（见图 1-2-21）。利用扎束、倒梳、盘卷等技法造型，或使用假发。

图 1-2-21　造型

第四步 造型完成（见图 1-2-22）。

图 1-2-22　造型完成

操作技巧：造型和配饰要与人物风格气质相协调。清纯俏丽造型要随意自然，可选用齐刘海、锯齿分发、有层次的外翘、蓬松灵动卷发等元素。端庄高雅造型可采用大波浪、发髻、盘发元素表达成熟女性的大气典雅气质。

任·务·评·价

评价标准		得分			
		分值	学生自评	学生互评	教师评定
准备工作	准备物品齐全	10			
	准备物品干净整齐	5			
	操作者仪容仪表（头发整齐，穿实训服，佩戴工牌）	5			
时间限制	在规定时间内完成任务	10			
礼仪素养	在操作中与顾客交流顺畅，动作规范轻柔，化妆台物品整洁	10			
技能操作	整体化妆造型符合人的气质特点，整体干净、有美感	15			
	底妆立体，粉底均匀服帖，皮肤质感细腻	15			
	眼影左右对称、晕染均匀、过渡自然、无明显分界线，眼线流畅，眉毛、睫毛自然生动，唇形自然、饱满，符合造型特点	20			
	发型与脸形、气质相协调	10			
合计					

综·合·运·用

　　化妆师小徐接到了拍摄秋冬眼影广告的化妆造型设计工作，作为化妆师，她应从哪几方面进行沟通？在设计时应注意哪些方面？

任务三　创意时尚摄影造型

> **任务描述：** 能够在90分钟内完成创意时尚摄影造型。
>
> **用具准备：** 底妆工具、定妆工具、化妆刷、眉笔（黑色、棕色）、口红盘、眼影粉、人体彩绘油彩、尖尾梳、直板夹、发胶、黑色皮筋。
>
> **实训场地：** 化妆实训室（20套桌椅镜台、多媒体大屏、空调）。
>
> **技能要求：** 1. 能够熟练地画出适合人物特点和场合的创意时尚摄影妆面。
>
> 　　　　　　　2. 熟练表现创意时尚摄影化妆造型效果。

知·识·准·备·一　创意时尚摄影造型的妆面特点

　　创意时尚摄影造型的妆面是为了展示独特的个性与创意，常应用在一些特殊的拍摄场景，以及有专业的模特、演员等的场合，这种妆容的关键在于眼部和唇部。

　　创意时尚摄影造型的妆面特点：

　　1. 妆面色彩浓艳，立体感强，造型夸张。

　　2. 妆面有的只突出局部，有的要求整体协调。

　　3. 发型夸张，可用真、假发结合，或用饰品及配件。

　　4. 妆面与服装的色彩、饰品色协调。

　　5. 创意要有美感，不能脱离主题。

一、底妆表现特点

　　使用粉底霜或粉底液上妆，对于有瑕疵的皮肤要提前进行遮盖，但要注意与底妆的自然衔接，选择与自身肤色相近且略深一点的粉底作为底色，选用比肤色稍浅的粉底在额头、鼻梁、眼周等部位进行适当立体修饰。定妆蜜粉用量也要少，以保持肤色清淡透明。

　　底妆表现特点如图1-3-1所示。

图 1-3-1   底妆表现特点

▶ 二、眼部表现特点

创意时尚摄影造型妆面的灵魂在于眼妆，一些夸张的眼影造型和明丽色彩的眼影晕染都可以称为"创意"，颜色可以选择红、黄、绿等。创意时尚摄影造型的妆面一般都有一定的风格：如果想要打造高级冷淡风格，那么整个眼影的色系可以选择黑、白、灰；如果想要打造艳丽的风格，那么颜色就是多种多样的，需要紫、红、黄等。先确定一个主色，其他的就可以进行点缀。

▶ 三、眉毛表现特点

眉毛没有固定形状，根据整体妆面的风格特点进行描画，也可以借助饰品加以修饰。
眉毛表现特点如图 1-3-2 所示。

图 1-3-2   眉毛表现特点

▶ 四、唇部表现特点

唇部颜色是张扬的，而且色彩一定要鲜明，不能太浓，也不能太淡，根据妆面的整体风格确定唇色。唇部可以进行造型处理，比如嘴唇画得厚一点，整个唇线画得粗一点，这样才符合创意时尚妆面的概念。
唇部表现特点如图 1-3-3 所示。

图 1-3-3　唇部表现特点

知·识·准·备·二 ▶▶ **创意时尚摄影造型的发型特点**

创意时尚摄影造型的发型可以根据整体造型的需求进行设计。如果是为了突出妆面效果，发型可以选择简约款，特点是干净利落（见图 1-3-4）。如果是妆感较弱，以发型为视觉中心时可以选择复杂款，特点是醒目张扬（见图 1-3-5）。

图 1-3-4　简约款发型

图 1-3-5　复杂款发型

知·识·准·备·三 ▶▶ **创意时尚摄影造型的服装搭配**

选择创意时尚摄影造型的服装时，需要有不同于一般个性美的意境，除了要有创意，还不能只表现单纯的质感和光影，必须把感觉表现出来。如果妆容已经把时尚摄影的主题完全体现出来了，则可以选择简单且有质感的服装，避免喧宾夺主。

不同风格的服装如图 1-3-6 所示。

图 1-3-6　不同风格的服装

实·践·操·作 >> 创意时尚摄影造型

创意时尚摄影化妆

>> 一、创意时尚摄影造型的妆面设计技巧、步骤与方法

第一步 **底妆**（见图1-3-7）。先用与肤色相近的粉底均匀涂抹整个面部；再用深色和浅色进行底妆立体修饰，颧骨、腮部或鼻侧采用深色，额头、眉骨、下眼袋、鼻梁、下颌用浅色提亮；最后用蜜粉细致定妆。

图1-3-7 底妆

第二步 **眼妆打底**（见图1-3-8）。先用橙黄色油彩进行外轮廓晕染，再用对比较强的色彩填充内轮廓。

图1-3-8 眼妆打底

操作技巧：使用油彩上妆时，不要反复涂抹同一个区域，否则容易蹭掉原有的色彩。

第三步 **整体修饰**（见图1-3-9）。用暗色修容粉和腮红进行修容。先用咖色系修容粉从耳际的中央颧骨处往嘴角刷饰，再蘸取腮红根据面部结构扫在脸颊所需处。

图1-3-9 整体修饰

第四步 **色彩加重**（见图1-3-10）。用相对应的眼影粉进行颜色饱和度的加强，做好与皮肤颜色的衔接。

图1-3-10 色彩加重

操作技巧：用眼影粉压油彩时，选择刷毛较软的眼影刷，避免留下刷痕。

第五步 **眉毛**（见图1-3-11）。用黑色眉笔画出一条细细的弯眉。

图1-3-11 眉毛

第六步 **唇部**（见图1-3-12）。用唇刷蘸取口红直接勾勒出唇形，涂色后力求唇形圆润饱满。

图1-3-12 唇部

操作技巧：唇峰的位置一般位于人中到嘴角的1/3~1/2处，勾勒上唇轮廓线稍短一些，有提升嘴角的作用。

第七步 **粘贴饰品**（见图 1-3-13）。选择同色系饰品进行点缀。

图 1-3-13　粘贴饰品

第八步 **妆面完成**（见图 1-3-14）。用散粉轻定妆。

图 1-3-14　妆面完成

操作技巧：脸部整体修饰时，可以用圆刷涂深色眼影粉实现收缩感，要少量多次，避免突兀或脏了妆容，腮红位置和技法要符合人物造型特点，使整体更加和谐自然。

二、创意时尚摄影造型的发型设计技巧、步骤与方法

第一步 **软化头发**（见图 1-3-15）。用直板夹改变发丝形状，软化头发。

图 1-3-15　软化头发

第二步 **造型**（见图 1-3-16）。利用扎束、倒梳、盘卷等技法造型，或使用假发。

图 1-3-16　造型

操作技巧：通常需要对顶区发根部压浪和发尾烫卷处理。不必拘泥于基本分区原则，按需要进行分配扎束。

第三步 **定型**（见图 1-3-17）。使用发胶、发蜡等进行碎发整理与定型。

图 1-3-17　定型

第四步 **搭配饰品**（见图 1-3-18）。根据需求，选择点缀型饰物，使外轮廓完整自然。

图 1-3-18　搭配饰品

操作技巧：造型和配饰要与人物风格气质相协调。

任·务·评·价 ≫

评价标准		得分			
		分值	学生自评	学生互评	教师评定
准备工作	准备物品齐全	10			
	准备物品干净整齐	5			
	操作者仪容仪表（头发整齐，穿实训服，佩戴工牌）	5			
时间限制	在规定时间内完成任务	10			
礼仪素养	在操作中与顾客交流顺畅，动作规范轻柔，化妆台物品整洁	10			
技能操作	整体化妆造型符合人的气质特点，整体干净，有美感	15			
	底妆立体，粉底均匀服帖，皮肤质感细腻	15			
	眼影左右对称、晕染均匀过渡自然、无明显分界线，眼线流畅，眉毛、睫毛自然生动，唇形自然饱满，符合造型特点	20			
	发型与脸形、气质相协调	10			
合计					

综·合·运·用 ≫

顾客想要拍摄一组偏中式的创意时尚照片，作为化妆师的你应从哪几方面进行沟通？在设计时应注意些什么？请展示出你的设计稿。

单·元·回·顾 ≫

平面摄影造型是摄影和化妆两大艺术的结合体，同时具有摄影和化妆两方面的共性和特性，它既是一门综合性的艺术，更是一门年轻的艺术。平面摄影造型是在进行拍摄活动之前由化妆师根据设计构思或客户具体要求，对拍摄对象进行符合摄影要求和内容的系统化妆工作，要求化妆师不仅具有精湛的技艺，还要有超前的审美与人际沟通能力，只有这样才能够更好地完成造型的设计。

单元练习

一、判断题

1. 生活摄影造型中，眼部的化妆不宜太夸张，眼影的晕染面积较小。　　　（　　）

2. 生活摄影造型中，上下眼线都要画，并用同色眼影粉在睫毛根部小面积晕染。（　　）

3. 生活摄影造型中，整个眉形要自然一些，用色淡，眼影用色不宜太过艳丽，鼻子可以不修饰。　　　（　　）

4. 创意时尚摄影造型妆面的灵魂在于眼妆，一些夸张的眼影造型和明丽色彩的眼影晕染都可以称为"创意"，颜色可以选择红、黄、绿等。　　　（　　）

5. 创意时尚摄影造型的妆面一般都有一定的风格，如果想要打造高级冷淡风格，那么整个眼影的色系可以选择黑、白、灰。　　　（　　）

6. 创意时尚摄影造型中，眉毛选用细长形，看上去才有足够的时尚感。　　　（　　）

7. 创意时尚摄影造型的唇部颜色是张扬的，而且色彩一定要鲜明，不能太浓，也不能太淡，根据妆面的整体风格确定唇色。　　　（　　）

8. 唇峰的位置一般位于人中到嘴角的 1/3~2/3 处，勾勒上唇轮廓线稍短一些，有提升嘴角的作用。　　　（　　）

9. 使用油彩上妆时，不要反复涂抹同一个区域，否则容易蹭掉原有的色彩。　　（　　）

10. 广告摄影造型中，发色必须是黑色或者深棕色，不能过浅。　　　（　　）

11. 欧美风主题广告摄影造型可以使用较为浓密、纤长的假睫毛。　　　（　　）

12. 欧美风主题广告摄影造型的眼影可以使用结构法修饰眼部。　　　（　　）

二、选择题

1. 生活摄影造型的眼影常采用的方法是（　　）。

　　A. 平涂法　　　　B. 渐层法　　　　C. 段式法　　　　D. 烟熏法

2. 生活摄影造型中，底妆选用的粉底颜色应该是（　　）。

　　A. 比肤色亮　　B. 与肤色相近　　C. 比肤色暗　　　D. 以上都不正确

3. 以下不属于创意时尚摄影造型特点的是（　　）。

　　A. 妆面色彩浓艳　　　　　　　B. 立体感强

　　C. 造型夸张　　　　　　　　　D. 线条描画柔和

4.唇部颜色是张扬的,而且色彩一定要鲜明,根据妆面的整体风格确定唇色的妆容是( )。

    A.生活摄影造型　　　　　　　B.广告摄影造型

    C.创意时尚摄影造型　　　　　D.证件照

5.用眼影粉压油彩时,选择( )的眼影刷,避免留下刷痕。

    A.形状扁平　　B.刷头有角度　　C.刷毛较软　　D.刷毛较硬

6.蜜粉在化妆过程中的主要作用是( )。

    A.改善肤色　　B.遮盖　　　　C.定妆　　　　D.增白

7.( )是可以改善和强调眼部凹凸结构的化妆品。

    A.眼线笔　　　B.眼影粉　　　C.睫毛膏　　　D.乳剂型眼线液

三、填空题

1.生活摄影造型整体要( ),有( )气息。

2.生活摄影造型中,眼影可采用平涂手法对上下眼睑作( )式晕染。

3.生活摄影造型中为防止妆感过重,在上眼睑睫毛根部只画( ),而且要( ),在下眼睑睫毛根部可进行呼应性晕染。

4.在涂睫毛膏后,要保持睫毛一根根呈( )状态。

5.描画眉毛时,第一笔应从( )入手。

6.画眉毛时所画的标准眉形的转折处应在( )处。

7.化妆时眉毛的颜色要比模特本身的眉毛颜色( )。

四、简答题

1.生活摄影造型的妆面特点。

2.生活摄影造型的注意事项有哪些?

3.创意时尚摄影造型的妆面特点有哪些?

项目二
晚宴造型

知识目标 ◀

1. 了解晚宴化妆的特点。

2. 能掌握新娘晚宴造型、商务晚宴造型、派对晚宴造型在妆面、发型、服饰等方面的基本要素，了解其形象设计的意义。

3. 能够识别和避免晚宴造型常见误区。

4. 掌握晚宴造型的定位，能灵活运用相关知识与化妆技能，为今后的工作奠定坚实的基础。

5. 能分辨各类晚宴造型的区别。

能力目标 ◀

1. 掌握化妆工具摆台、消毒工作流程，对使用过的用品能进行分类、分色、分新旧登记，能正确选择适合角色的妆发、服饰。

2. 能根据晚宴化妆造型中角色自身的五官特点和气质以及行业特定要求进行妆发修饰，掌握妆发应用技巧。

3. 能将基础色、阴影色、高光色三者结合，塑造脸部五官的立体结构感。

4. 根据 TPO 原则，掌握新娘晚宴造型、商务晚宴造型、派对晚宴造型的技巧。

5. 能够独立与顾客进行沟通并设计造型方案。

6. 能够根据色彩搭配原则设计晚宴造型。

素质目标 ◀

1. 具备一定的审美与艺术素养。

2. 具备一定的语言表达能力和与人沟通能力。

3. 具备良好的卫生习惯与职业道德精神。

4. 具备敏锐的观察力与快速应变能力。

5. 具备较强的创新思维能力与动手实践能力。

任务一　新娘晚宴造型

任务描述： 能够在 90 分钟内完成新娘晚宴造型。

用具准备： 底妆工具、定妆工具、化妆刷，眉笔（黑色、棕色），咖色系、米色、南瓜色、白色眼影粉，尖尾梳、发胶、黑色皮筋、唇刷、口红盘、鸭嘴夹。

实训场地： 化妆实训室（20 套桌椅镜台、多媒体大屏、空调）。

技能要求： 1. 能够熟练地画出适合人物特点和场合的新娘晚宴妆面部结构特征。

　　　　　　　2. 熟练表现新娘晚宴造型效果。

知·识·准·备·一 》》 新娘晚宴造型的妆面特点

晚宴妆适用于夜晚或社交场合，有较强的灯光相配合，凸显华丽鲜明。晚宴妆妆色浓重，色彩搭配丰富，明暗对比强烈，五官描画可适当夸张面部凹凸结构。妆面设计可扬长避短，掩盖和矫正面部的不足。

》 一、底妆表现特点

粉底偏厚、偏白，采用立体打底法，选用哑光定妆粉或者透明的散粉固定妆面。对于有瑕疵的皮肤要提前进行遮盖，但要注意与粉底霜的自然衔接。选择与自身肤色相近且略深一点的粉底作为底色，选用比肤色稍浅的粉底在额头、鼻梁、眼周等进行适当立体修饰。

底妆表现特点如图 2-1-1 所示。

图 2-1-1　底妆表现特点

》 二、眼部表现特点

眼妆的主色根据礼服的主色来选择。眼影选用珠光质感的，显得比较时尚大气。眼影可以用小烟熏、渐层法、小结构式，眼线以调整眼形为主，线条一定要流畅清晰。假睫毛可以粘贴稍微浓重一些的，强调眼妆。但若要突出个性，选用色彩则要因人而异，或明亮活泼或端庄典雅，与造型目的相统一。上眼线应纤细整齐，下眼线可以不画或用同色眼影粉在下睫毛根部小面积晕染。睫毛要求立体、卷翘、浓密、根根分明。

眼部表现特点如图 2-1-2 所示。

图 2-1-2　眼部表现特点

》》 三、眉毛表现特点

眉毛以呈现自然眉形为主，眉色选择与发色相近的颜色，眉形尽量根据本人的特点和喜好，结合脸形进行调整，要符合造型主题，最重要的是眉形与脸形要搭配协调。最后在眉毛的中间一段扫一点眼影的颜色来进行过渡。若要表达成熟，则可以选择高挑眉形精修细刻；若要表达温婉端庄，则调整成细细弯弯的眉形。

眉毛表现特点如图 2-1-3 所示。

图 2-1-3　眉毛表现特点

》》 四、唇部表现特点

唇色选用低饱和度、高明度的颜色，如暗红色、深红色、棕红色等，但是一定要注意与礼服颜色的协调。唇形尽量保持自然轮廓，最好画唇线，涂色后力求唇形圆润饱满。清纯可爱风格，尽量使上唇圆润，唇峰靠近些，质感要自然滋润；成熟、有个性风格，唇峰刻画要尖锐，可采用粉质感哑光口红；成熟妩媚风格，上唇则要丰满圆润，唇峰稍远，可采用粉质口红。

唇部表现特点如图 2-1-4 所示。

图 2-1-4 唇部表现特点

知·识·准·备·二 >> 新娘晚宴造型的发型特点

　　新娘晚宴造型的发型要根据新娘当天的气质、风格进行定位。浪漫风格的新娘可以设计一些唯美的造型，比如有外翻发型、复古盘发等，饰品可以选择蝴蝶结及各种珠链等（见图 2-1-5）；成熟干练风格的新娘晚宴发型特点是干净，比如经典的高发包盘发、简约优雅的低盘发（见图 2-1-6）。

图 2-1-5 浪漫风格发型

图 2-1-6 干练风格发型

知·识·准·备·三 >> 新娘晚宴造型的服装搭配

　　服装款式选择多样化，其中传统款礼服强调女性窈窕的腰肢，夸张臀部以下裙子的重量感，肩、胸、臂充分展现，为华丽的首饰留下表现空间。如：以装饰感强的设计来突出高贵优雅，有重点地采用镶嵌、刺绣，领部细褶，华丽花边、蝴蝶结、玫瑰花，给人以古典的服饰印象（见图 2-1-7）。

图 2-1-7　传统款礼服

时尚款礼服则以修饰身材比例为主，礼服的款式设计通常以简洁大方为主，注重线条的流畅和整体的美感，肩袖设计也应避免过于夸张。上身可以多些变化，腰线建议用 V 字微低腰设计，以增加修长感（见图 2-1-8）。

图 2-1-8　时尚款礼服

如果是身材微胖的新娘，则适合直线条的裁剪，看起来较苗条，花边花朵宜选用较薄的平面蕾丝，不可选高领款式，腰部、裙摆的设计上应尽量避免繁复（见图 2-1-9）。

图 2-1-9　直线型礼服

实·践·操·作 ▶▶ 新娘晚宴造型

新娘晚宴造型视频

▶▶ 一、新娘晚宴造型的妆面设计技巧、步骤与方法

第一步 ▶ **底妆**（见图 2-1-10）。先用与肤色相近的粉底均匀肤色；再用深色和浅色进行底妆立体修饰，颧骨、腮部或鼻侧采用深色，额头、眉骨、下眼袋、鼻梁、下颌用浅色提亮；最后使用蜜粉细致定妆。

图 2-1-10　底妆

第二步 ▶ **眉毛**（见图 2-1-11）。先用眉笔勾勒眉部的大概轮廓；再用灰色哑光眼影填充眉部，用哑光高光提亮眉骨和眼头，眉形会更自然；最后用眉膏梳理眉头部分，增加毛流感。

图 2-1-11　眉毛

操作技巧：充分定妆，避免面部出油脱妆；可在描画眉毛前先在原生眉毛处按压散粉，再用散粉刷扫掉多余粉，避免眉毛颜色结块和脱妆。

第三步 ▶ **眼影**（见图 2-1-12）。选择大地色系眼影。先用米色眼影粉平涂上眼睑进行打底；再用咖色眼影粉从睫毛根部向上进行渐层晕染；使用深咖色在眼尾部分化半个月牙形，提升深邃感；最后用亮片眼影提亮。

图 2-1-12　眼影

第四步 ▶ **眼部细节**（见图 2-1-13）。可以选用分段睫毛进行假睫毛贴合，再用黑色或咖啡色眼线笔强勾勒眼睛轮廓。

图 2-1-13　眼部细节

操作技巧：眼影打圈晕染，过渡会更自然；操作真、假睫毛贴合时，可以将中段睫毛贴在真睫毛下方，会使睫毛看起来更翘，起到更好地放大眼睛的效果。

第五步 **提亮**（见图 2-1-14）。选择液体眼影或大片珠光眼影进行眼部提亮。

图 2-1-14　提亮

第六步 **唇部**（见图 2-1-15）。用唇刷蘸取口红勾勒出唇线，涂色后力求唇形圆润饱满，唇形明显。

图 2-1-15　唇部

操作技巧：唇峰的位置位于人中到嘴角的 1/3~1/2 处，勾勒上唇轮廓线稍短一些，有提升嘴角的作用，用唇刷蘸取唇膏时，可略多些，这样唇色会更加均匀、饱和。

第七步 **整体修饰**（见图 2-1-16）。用暗色修容粉和腮红进行面部整体修容。先用咖色系修容粉由中央颧骨处向嘴角刷饰，再蘸取与妆容色系相同的腮红根据面部结构扫在脸颊所需处。

图 2-1-16　整体修饰

第八步 **妆面完成**（见图 2-1-17）。用散粉或定妆喷雾进行定妆。

图 2-1-17　妆面完成

操作技巧：用阴影色画出鼻侧影后，再用提亮色通过打圈的操作方法与阴影色做好衔接，可使晕染过渡自然。

二、新娘晚宴造型的发型设计技巧、步骤与方法

第一步 **扎束**（见图 2-1-18）。将头发梳理光滑后在后脑勺处扎马尾。

图 2-1-18　扎束

第二步 **发束处理**（见图 2-1-19）。在马尾尾端距发梢 3~5 cm 处扎一个黑皮筋，用于固定马尾。

图 2-1-19　发束处理

操作技巧：梳马尾时沿着分区线梳，梳子随着分区线调整梳发方向，这样马尾会更加干净利落。

第三步　造型（见图2-1-20）。将处理过的马尾由下向上卷起，形成一个发包，用U形卡固定。

图 2-1-20　造型

第四步　搭配饰品（见图2-1-21）。选择点缀型饰品，使造型完整自然。

图 2-1-21　搭配饰品

操作技巧：将发包表层梳顺后再定型，会使发型更加自然有光泽；发包在固定后使用尖尾梳尾端调整。

任·务·评·价

评价标准		得分			
		分值	学生自评	学生互评	教师评定
准备工作	准备物品齐全	10			
	准备物品干净整齐	5			
	操作者仪容仪表（头发整齐，穿实训服，佩戴工牌）	5			
时间限制	在规定时间内完成任务	10			
礼仪素养	在操作中与顾客交流顺畅，动作规范轻柔，化妆台物品整洁	10			
技能操作	整体化妆造型符合人的气质特点，整体干净，有美感	15			
	底妆立体，粉底均匀服帖，皮肤质感细腻	15			
	眼影左右对称、晕染均匀过渡自然、无明显分界线，眼线流畅，眉毛、睫毛自然生动，唇形自然饱满，符合造型特点	20			
	发型与脸形、气质相协调	10			
合计					

综·合·运·用 ▷▷

化妆师在为新娘设计晚宴造型时应注意哪些方面?

任务二　商务晚宴造型

任务描述: 能够在 90 分钟内完成商务晚宴造型。

用具准备: 底妆工具、定妆工具、化妆刷、眉笔(黑色、棕色)、唇刷、口红盘、大地色系眼影粉、尖尾梳、发胶、黑色皮筋、鸭嘴夹。

实训场地: 化妆实训室(20 套桌椅镜台、多媒体大屏、空调)。

技能要求: 1.能够熟练地画出适合人物特点和场合的商务晚宴造型的妆面。

2.熟练表现商务晚宴造型效果。

知·识·准·备·一 ▷▷ **商务晚宴造型的妆面特点**

商务晚宴造型,一般用于夜晚、较强的灯光下和气氛热烈的场合,有较强的商务性。商务晚宴造型的修饰性较强,妆色应浓而艳丽,五官描画可适当夸张,可根据人物年龄和不同风格进行修饰。肤色应洁净无瑕疵,眉眼修饰应扬长避短,色彩对比应强烈,搭配较丰富。由于环境灯光的影响,妆面色彩比一般日妆、生活妆浓一些,既要塑造出人物的气质特点,又要适合出席的场合氛围。

商务晚宴造型的妆面注意事项:

1.底妆要洁净无瑕疵,强调脸部立体感。

2.用色适当浓艳,修饰性强。

3.线条的描画要清晰。

▷▷ **一、底妆表现特点**

使用比本身肤色稍亮一号的粉底上妆,在上妆之前使用橘色遮瑕膏进行黑眼圈的修饰与遮盖,脸部瑕疵使用比肤色深一号的遮瑕膏进行修饰,使皮肤看起来洁净无瑕。使用蜜粉定妆后,扫去多余的蜜粉,使肤色自然。为避免因气氛热烈导致皮肤表面温度升高、妆容融化脱落，在上粉底之前，可先在面部易出油部位薄涂一层控油乳来控制肌肤油分和汗液的分泌，使底妆保持时间更长。

底妆表现特点如图 2-2-1 所示。

图 2-2-1　底妆表现特点

》　二、眼部表现特点

商务晚宴可以把眼睛作为整个妆容的重点，整个妆面要求精致、到位。眼影用色要简约且修饰性强。可选用带珠光效果的眼影，以强调眼部的华丽端庄、含蓄，颜色过渡要柔和。选用色彩要因人而异，整体以表现端庄典雅为主，可采用渐层法或小烟熏技法，选用咖色系或紫色系眼影粉，主要打造眼睛深邃的效果。上眼线与眼影过渡要自然无分界线，下眼线可用同色眼影粉在下睫毛根部小面积晕染。睫毛要求立体、卷翘浓密根根分明，可粘贴假睫毛强调眼部立体感。用带珠光色的米白色提亮眉骨、颧骨等处，表现眼部的立体结构。

眼部表现特点如图 2-2-2 所示。

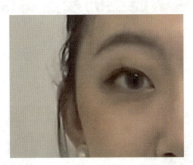

图 2-2-2　眼部表现特点

》　三、眉毛表现特点

根据模特自身条件进行眉毛的描画，眉形可以适当具象一些。眉毛以修饰为主，眉色选择与发色相近的颜色，眉形结合脸形进行调整，表达要符合造型主旨。

眉毛表现特点如图 2-2-3 所示。

图 2-2-3　眉毛表现特点

四、腮红与唇部表现特点

商务晚宴造型中，腮红一般选用冷色调，采用斜式或者结构式画法，营造面部立体效果。唇色与整体妆色协调统一，嘴唇轮廓需要描画得饱满清晰，颜色一般选用正红、深红等明艳的颜色体现立体感和气场。为了适应晚宴的环境及社交的礼仪，涂口红后用纸巾吸去多余的油分，然后施一层薄粉，再涂一层口红，这样既可保持妆面牢固持久，还以避免口红遗留在餐具上，影响形象。

腮红与唇部表现特点如图 2-2-4 所示。

图 2-2-4　腮红与唇部表现特点

知·识·准·备·二》 商务晚宴造型的发型特点

商务晚宴的发型多以盘发或卷发为主，突出晚宴造型高贵脱俗、优雅含蓄的特点（见图 2-2-5）；也可梳马尾使造型看起来干净，以皇冠、水钻、珍珠等饰品来装饰（见图 2-2-6）。

图 2-2-5　商务晚宴盘发发型　　　　图 2-2-6　商务晚宴马尾发型

知·识·准·备·三 >> 商务晚宴造型的服装搭配

　　商务晚宴造型可搭配晚礼服。晚礼服需根据模特的个性特点以及身材条件来选择，颜色多以黑、白、灰、深紫、宝蓝等为主，突出端庄高贵的形象，使女性在正式的社交晚宴中展现端庄高雅的魅力；也可搭配西装外套，凸显商务简约干练的特点。

　　服装搭配如图 2-2-7 所示。

图 2-2-7　服装搭配

实·践·操·作 >> 商务晚宴造型

商务晚宴造型

>> 商务晚宴造型的妆面设计技巧、步骤与方法

第一步　**底妆**（见图 2-2-8）。清洁面部并补水，用控油乳在 T 区进行涂抹，黑眼圈及瑕疵部位做遮瑕处理，用比肤色亮的粉底液均匀肤色，再用深色和浅色进行底妆立体修饰。使用散粉定妆，打造无瑕底妆。	**第二步**　**眉毛**（见图 2-2-9）。选用与发色相近的眉笔对眉毛进行修饰，眉形符合脸形，颜色过渡自然，线条流畅。
 图 2-2-8　底妆	 图 2-2-9　眉毛

操作技巧：底妆要有立体感，眉毛要有虚实感。

第三步 眼影（见图 2-2-10）。选用大地色、米色眼影粉平涂上眼睑，然后用咖色系眼影粉从睫毛根部向上进行渐层晕染。粘贴假睫毛，强调立体感。

图 2-2-10　眼影

第四步 眼线（见图 2-2-11）。用黑色眼线笔勾勒眼睛轮廓，再用小号眼影刷与眼影晕染衔接，用小号眼影刷在下睫毛根部晕染。

图 2-2-11　眼线

操作技巧：整个眼影形状要符合眼眶结构，眼线要与眼影过渡自然、协调，不可有分界线。

第五步 鼻子（见图 2-2-12）。选用阴影色画出鼻影，晕染过渡自然，高光色点涂于鼻梁、鼻头处，强调鼻部立体感。

图 2-2-12　鼻子

第六步 唇部（见图 2-2-13）。用唇刷蘸取口红直接勾勒出唇形，也可使用唇线笔直接勾画唇线；再适当涂点唇蜜，使双唇看起来更健康清爽、饱满；颜色要与眼影色相协调。

图 2-2-13　唇部

操作技巧：1. 鼻侧影要与眼角眼影过渡自然，不可有明显分界线。
　　　　　2. 唇峰的位置一般位于人中到嘴角的 1/3~1/2 处，唇形要饱满。

第七步 整体修饰（见图 2-2-14）。用暗色修容粉和腮红进行修容。先用咖色系修容过高的颧骨，再蘸取腮红根据面部结构扫在脸颊所需处。

图 2-2-14　整体修饰

第八步 妆面完成（见图 2-2-15）。检查妆面是否有脱妆、出油现象，用棉棒擦拭，并用散粉再次定妆。

图 2-2-15　妆面完成

操作技巧：1. 脸部整体修饰要少量多次。
　　　　　2. 腮红位置和技法要符合人物造型特点。

二、商务晚宴造型的发型设计技巧、步骤与方法

第一步 取发（见图2-2-16）。头部后区倒梳处理，或者假发包填充，表面梳理平整，整体偏左，右手拿发与地面平行。

图2-2-16　取发

第二步 绕发（见图2-2-17）。左手虎口朝下，右手托住发束。

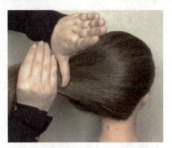

图2-2-17　绕发

操作技巧：内部倒梳要均匀，表面梳理干净。

第三步 抓发（见图2-2-18）。发束向右缠绕左拇指上，抓住发束后内翻。

图2-2-18　抓发

第四步 绾发（见图2-2-19）。左右手配合将发尾逐步收入发束中并用小黑夹固定。

图2-2-19　绾发

操作技巧：双手要配合，整体形状要饱满，固定要结实。

任·务·评·价

评价标准		得分			
		分值	学生自评	学生互评	教师评定
准备工作	准备物品齐全	10			
	准备物品干净整齐	5			
	操作者仪容仪表（头发整齐，穿实训服，佩戴工牌）	5			
时间限制	在规定时间内完成任务	10			

续表

评价标准		得分			
		分值	学生自评	学生互评	教师评定
礼仪素养	在操作中与顾客交流顺畅，动作规范轻柔，化妆台物品整洁	10			
技能操作	整体化妆造型符合人的气质特点，整体干净，有美感	15			
	底妆立体，粉底均匀服帖，皮肤质感细腻	15			
	眼影左右对称、晕染均匀过渡自然、无明显分界线，眼线流畅，眉毛、睫毛自然生动，唇形自然饱满，符合造型特点	20			
	发型与脸形、气质相协调	10			
合计					

综·合·运·用

化妆师珊珊的好朋友要出席公司举办的年会活动，请珊珊帮忙设计一下造型，她应从哪几方面进行沟通？在设计时应注意什么？

任务三　派对晚宴造型

任务描述： 能够在90分钟内完成派对晚宴造型。

用具准备： 底妆工具、定妆工具、化妆刷、眉笔（黑色、棕色），咖色、浅色系眼影粉、尖尾梳、发胶、黑色皮筋、唇刷、口红盘、卷发棒、鸭嘴夹。

实训场地： 化妆实训室（20套桌椅镜台、多媒体大屏、空调）。

技能要求： 1.能够熟练地画出适合人物特点和场合的派对晚宴造型的妆面结构特征。

2.熟练表现派对晚宴造型效果。

知·识·准·备·一　　**派对晚宴造型的妆面特点**

派对晚宴妆主要用于气氛较为轻松、热烈的酒会，造型可以适度夸张，妆色可选择时尚流行色，塑造或轻松浪漫或冷艳妩媚的形象，但是不可过于怪异。派对晚宴妆的色系多样，香槟金、冰晶银都是极流行的派对色系，此外，粉嫩甜美的藕色系、淡雅迷人的金橘色、香甜俏丽的可可色、神秘浪漫的深紫色，以及异国风情的橄榄绿都是炙手可热的派对色系。

一、底妆表现特点

利用不同的粉底色号打造出立体底妆。由于派对晚宴服装通常为晚礼服，所以面部以外的皮肤也要用粉底或者素颜霜修饰，整体肤色统一协调。底妆干净哑光，用遮瑕产品做好面部瑕疵修饰，打造出陶瓷肌。

底妆表现特点如图 2-3-1 所示。

图 2-3-1　底妆表现特点

二、眼部表现特点

眼影用色冷暖皆可，要视肤色、服装色、眼形而定，不宜过于繁杂，晕染要自然。眼线要整洁，根据眼形和妆容特点设计，可以选择纤细款、上挑款等，描画内眼线，放大眼睛，拉长眼尾。睫毛纤长根根分明而且要浓密，注意使真假睫毛融为一体，搭配上眼线，使眼睛看起来炯炯有神。

眼部表现特点如图 2-3-2 所示。

图 2-3-2　眼部表现特点

三、眉毛表现特点

眉色选择与发色相近的颜色，眉峰眉头自然，打造出原生的毛流感，可以用眉笔加深眉毛线条感。可用染眉膏或睫毛膏轻扫眉毛，增加眉毛立体感。眉形自然利落、突出，可以选择标准眉或微挑眉。

眉毛表现特点如图 2-3-3 所示。

图 2-3-3 眉毛表现特点

四、唇部表现特点

唇形边缘清晰，唇峰明显，唇色与妆容相搭配。如果造型需有气场，可以采用正红色口红厚涂；如果是唇厚或凸的唇形，可选择饱和度低一点的颜色或者弱化唇边缘，一定不要画咬唇妆；如果是轻松浪漫的造型，则可以选择粉色调进行搭配。

唇部表现特点如图 2-3-4 所示。

图 2-3-4 唇部表现特点

知·识·准·备·二 ▶ 派对晚宴造型的发型特点

派对晚宴发型，重点是要根据晚宴进行选择。风格轻松、浪漫的晚宴造型可以选择高盘发或者公主盘发，会使人看起来更加靓丽时尚（见图 2-3-5）；如果是热烈的晚宴造型，则可以选择波浪散发，会使人看起来更加妩媚（见图 2-3-6）。

图 2-3-5 派对晚宴盘发发型 　　　图 2-3-6 派对晚宴波浪散发发型

知·识·准·备·三　派对晚宴造型的服装搭配

　　派对晚宴种类较多，有各种年会、派对、酒会等，服装选择也介于正式与非正式之间。其中，正式着装：男士穿正装搭配皮鞋，女士则穿及地晚礼裙搭配高跟鞋（见图 2-3-7）；非正式着装：男士可以穿礼服外套或深色外套配领结，女士可以穿符合派对主题的连衣裙或套装（见图 2-3-8）。

图 2-3-7　正式着装

图 2-3-8　非正式着装

实·践·操·作　派对晚宴造型

派对晚宴造型视频

≫　一、派对晚宴造型的妆面设计技巧、步骤与方法

　　第一步　打底（见图 2-3-9）。对于有瑕疵的皮肤提前进行遮盖。遮盖时先用点按的手法操作；然后使用粉底液或气垫进行大面积打底，特别是眼睛下面的部位，脸颊外侧和颈部位置轻扫即可，要注意与面部底妆的自然衔接；最后使用散粉做好定妆，打造陶瓷肌。

图 2-3-9　打底

　　第二步　眼影（见图 2-3-10）。参考派对晚宴的风格选择眼影色系。选择前浅后深的横向排列晕染法，先用同色系中的浅色进行眼部打底，然后依次叠加颜色，重色在眼尾位置，最后使用亮片提亮眼球中央的上眼皮和眼头处的肤色。

图 2-3-10　眼影

　　操作技巧：粉底要轻薄，底妆要自然服帖；眼妆部分，建议使用大亮片提亮眼部肤色，使眼部在派对的光线下更闪耀。

第三步 内眼线（见图 2-3-11）。使用眼线胶笔进行内眼线填充。灵活选择眼线胶笔的颜色，黑色更有神，棕色更灵动，彩色更个性。

图 2-3-11　内眼线

第四步 眉毛（见图 2-3-12）。使用与妆容、头发相近色系的眉笔进行操作，眉形可以根据风格进行选择。描画时注意保留毛流感，这样近距离看起来会更自然。

图 2-3-12　眉毛

操作技巧：内眼线填充让眼睛更有神，如果想要起到放大眼睛的效果，可以将眼线化粗些。

第五步 眼部细节（见图 2-3-13）。使用分段假睫毛进行睫毛修饰，使用睫毛膏与真睫毛进行贴合。外眼线顺着眼形从眼头画到眼尾，在靠近眼尾的 3~5mm 处，往上拉高眼线即可。

图 2-3-13　眼部细节

第六步 修容（见图 2-3-14）。用修容粉进行面部整体修容和局部修容，操作时注意少量多次。提亮刷和阴影刷要分开使用，避免妆面效果过脏。

图 2-3-14　修容

操作技巧：粘贴假睫毛时，根据想要达到的眼妆效果进行操作，可选择从眼头一直贴到眼尾或着重粘贴后半段，但都要注意与真睫毛做好衔接。

第七步 腮红（见图 2-3-15）。选择珊瑚色系的腮红，在内面颊处打圈上妆，丰盈面部，增加少女感。

图 2-3-15　腮红

第八步 唇妆（见图 2-3-16）。先选择口红，然后在嘴唇上涂一层透明的唇油，增加嘴唇的滋润感。

图 2-3-16　唇妆

操作技巧：高亮度的珊瑚色系适合青春靓丽的风格，灰度的橘色系更适合成熟稳重风格。

二、派对晚宴造型的发型设计技巧、步骤与方法

第一步 **分区**（见图 2-3-17）。将头发进行中分，再从中分线分别向两边耳朵上方点划形成连线后将头发分区，完成三分区后将头发梳顺。

图 2-3-17　分区

第二步 **扎束**（见图 2-3-18）。将后发区进行半扎发，马尾高度定在黄金点。

图 2-3-18　扎束

操作技巧：通常对顶区发根部做压浪处理，对发尾做烫卷处理。不必拘泥于基本分区原则，按需要进行分配扎束。

第三步 **拧发**（见图 2-3-19）。两侧分区各分成两个发片，发片内部倒梳后进行拧发操作，起到垫高颅顶的作用。拧好的发片合到马尾上。

图 2-3-19　拧发

第四步 **调整轮廓**（见图 2-3-20）。在距第一根黑色皮筋约 3cm 的位置再扎一根黑色皮筋，用 U 形卡向前固定。

图 2-3-20　调整轮廓

操作技巧：两侧进行拧发分区时可以进行"Z"字形分区，这样在衔接时不容易出现明显分区线。

第三步 **造型**（见图 2-3-21）。全头散发用卷发棒做卷，卷后的头发不需要梳开，成筒状摆放定型即可。

图 2-3-21　造型

第四步 **搭配饰品**（见图 2-3-22）。选择点缀饰品，造型完成。

图 2-3-22　搭配饰品

操作技巧：造型和配饰要与人物风格气质相协调。清纯俏丽造型要随意自然，可选用齐刘海、锯齿分发、有层次的外翘、蓬松灵动的卷发等。

任·务·评·价 ≫

评价标准		分值	得分		
			学生自评	学生互评	教师评定
准备工作	准备物品齐全	10			
	准备物品干净整齐	5			
	操作者仪容仪表（头发整齐，穿实训服，佩戴工牌）	5			
时间限制	在规定时间内完成任务	10			
礼仪素养	在操作中与顾客交流顺畅，动作规范轻柔，化妆台物品整洁	10			
技能操作	整体化妆造型符合人的气质特点，整体干净，有美感	15			
	底妆立体，粉底均匀服帖，皮肤质感细腻	15			
	眼影左右对称、晕染均匀过渡自然、无明显分界线，眼线流畅，眉毛、睫毛自然生动，唇形自然饱满，符合造型特点	20			
	发型与脸形、气质相协调	10			
合计					

综·合·运·用 ≫

朋友要去参加一场派对晚宴，请作为化妆师的你帮忙设计造型，设计过程中你会注意哪些方面？请展示你的设计方案。

单·元·回·顾 ≫

晚宴造型适用于气氛较隆重的晚会、宴会等高雅的社交场合。在妆面上可依据服装的不同颜色和款式进行设计，显示高雅、妩媚与个性魅力，色彩对比要强烈，搭配要丰富。因环境灯光的影响，妆面色彩要比一般日妆、生活妆浓一些。五官描画可适当夸张，重点突出深邃明亮的迷人眼部和饱满性感的经典红唇。

单元练习

一、判断题

1. 新娘晚宴造型的妆容不宜太夸张，眼影选择红色系。　　　　　　　　（　　）

2. 新娘晚宴造型粉底偏厚、偏白，用哑光定妆粉或者透明的散粉固定妆面。　（　　）

3. 风格轻松、浪漫的派对晚宴造型可以选择高盘发或者公主盘发，会使人看起来更加靓丽时尚。　　　　　　　　　　　　　　　　　　　　　　　　　　　　　（　　）

4. 热烈的晚宴派对造型，则可以选择直散发，会使人看起来更加干练。　　（　　）

5. 清纯俏丽的造型可选用齐刘海、锯齿分发、有层次的外翘、蓬松灵动卷发等。（　　）

6. 商务晚宴造型的眼部化妆要自然，眼影的晕染面积较小。　　　　　　（　　）

7. 商务晚宴造型的眉形用色淡，眼影用色不宜太过艳丽，鼻子可以不修饰。　（　　）

8. 商务晚宴造型在上粉底之前，可先在面部易出油部位薄涂一层控油乳，来控制肌肤油分和汗液的分泌，使底妆保持时间更长。　　　　　　　　　　　　　　　　（　　）

9. 商务晚宴造型的鼻侧影要与眼角眼影过渡自然，不可有明显分界线。　　（　　）

10. 商务晚宴造型的妆面色彩比一般日妆、生活妆浅一些。　　　　　　　（　　）

二、选择题

1. 商务晚宴造型的眼影常采用的方法是（　　　）。

　　A. 平涂法　　　　B. 渐层法　　　　C. 段式法　　　　D. 以上都不对

2. 商务晚宴造型时，底妆选用的粉底颜色应该是（　　　）。

　　A. 比肤色亮　　　B. 与肤色相近　　C. 比肤色暗　　　D. 以上都不正确

3. 嘴唇轮廓需要描画得饱满清晰，一般选用正红、深红等明艳的色彩体现立体感和气场的妆容是（　　　）。

　　A. 新娘晚宴造型　　　　　　　　B. 商务晚宴造型

　　C. 创意时尚造型　　　　　　　　D. 证件照

4. 散粉在化妆过程中，主要作用是（　　　）。

　　A. 改善肤色　　B. 遮盖　　　　C. 定妆　　　　D. 增白

5. （　　　）是可以改善和强调鼻部凹凸结构的化妆品。

　　A. 鼻贴　　　　B. 修容粉　　　C. 螺旋刷　　　D. 染眉膏

6.编盘发发型时,(   )更适合发片之间的衔接。

　　A."C"字形分区　　　　　　　　　　　　B."Z"字形分区

　　C."一"字形分区　　　　　　　　　　　　D.圆形分区

7.眼线胶笔颜色多样,其中(   )会使眼睛更灵动。

　　A.灰色　　　　B.彩色　　　　C.黑色　　　　D.棕色

8.(   )礼服更适合身材微胖的新娘出席晚宴穿着。

　　A.鱼尾款　　　B.修身款　　　C.高领款　　　D.直线款

9.新娘晚宴造型的唇妆应该选择(   )。

　　A.咬唇妆　　　B.晕染唇妆　　C.哑光感　　　D.滋润感

10.设计派对晚宴造型时的底妆不建议打造成(   )肌肤。

　　A.水光感　　　B.陶瓷感　　　C.哑光感　　　D.清爽感

三、填空题

1.商务晚宴造型中,眉形应符合脸形,颜色(   )、(   )。

2.商务晚宴造型中,腮红一般选用冷色调,(   )式或者(   )式画法,营造面部立体效果。

3.商务晚宴造型的发型多以(   )或(   )为主,突出晚宴造型高贵脱俗、优雅含蓄的特点。

4.商务晚宴造型的服装搭配晚礼服,晚礼服需根据模特的(   )以及(   )来选择。

5.唇峰的位置一般位于人中到嘴角的(   )。

四、简答题

1.商务晚宴造型的妆面特点是什么?

2.商务晚宴造型中,化妆的注意事项有哪些?

3.派对晚宴的类型有哪些?

4.新娘晚宴造型的特点是什么?

5.你的顾客将要参加一个年会,你会从哪几方面进行分析、设计?

项目三
年代特征造型

知识目标 ◀

1. 了解唐代、民国、20世纪90年代港风造型的特点。

2. 能掌握唐代、民国、20世纪90年代港风造型在妆面、发型、服饰等方面的基本要素，了解其造型设计的意义。

3. 掌握唐代、民国、20世纪90年代港风造型的定位，能灵活运用化妆技能，为今后的造型设计工作奠定坚实的基础。

能力目标 ◀

1. 掌握化妆工具摆台和消毒工作流程，对使用过的用品能进行分类、分色、分新旧登记，能正确选择适合角色的妆发、服饰。

2. 能根据年代特征造型中角色自身的五官特点和气质以及年代特定要求进行妆发修饰，掌握妆发应用技巧。

3. 能将基础色、阴影色、高光色三者结合，塑造脸部五官的立体结构感。

4. 能够独立与顾客进行沟通并设计造型方案。

5. 能够根据色彩搭配原则设计角色造型。

素质目标 ◀

1. 具备一定的审美与艺术素养。

2. 具备一定的语言表达能力和沟通能力。

3. 具备良好的卫生习惯与职业道德精神。

4. 具备敏锐的观察力与快速应变能力。

5. 具备较强的创新思维能力与动手实践能力。

任务一　唐代造型

任务描述： 能够在90分钟内完成唐代造型。

用具准备： 底妆工具、定妆工具、化妆刷、油彩刷、眉笔（黑色）、修容粉、腮红粉、眼影盘、唇彩、油彩、发胶、尖尾梳、玉米烫夹板、假发包、假发网、鸭嘴夹、服装。

实训场地： 化妆实训室（20套桌椅镜台、多媒体大屏、更衣间）。

技能要求： 1. 能够打造出古典精致、雍容华贵的整体造型。

2. 能够按照化妆程序自主完成唐代造型。

知·识·准·备·一 >> 唐代造型的妆面特点

从隋唐时期开始，妆面繁复，形式多样，除了面白、腮红、唇朱，还有花钿、面靥、斜红等修饰。唐代国力强盛，社会风气开放，女性追求时髦，妆面造型凸显大气、艳丽，颜色以桃红、紫红居多，整体显得妩媚动人。

隋唐时期文化艺术繁荣昌盛，唐代妆面受其影响，妆容别出心裁，有白妆、红妆之分。唐朝女子化妆都有一套固定的流程，即敷铅粉、抹胭脂、画黛眉、贴花钿、点面靥、描斜红和涂口脂。

>> 一、底妆表现特点

唐代造型的上底妆即为"敷铅粉"，选用在古代很少被用的偏白色粉底。粉底颜色偏白，使脸形显得丰满、圆润，定妆可稍厚一些。

底妆表现特点如图 3-1-1 所示。

图 3-1-1 底妆表现特点

>> 二、腮红与基础修容表现特点

1. 基础修容：整个妆面的基础修容不做刻意的提亮色修饰，保持底妆肤色均匀、自然。

2. 腮红：唐代造型的腮红即为"胭脂"，多采用红蓝花捣汁制成，工序烦琐造价很高，因此唐代女子刻意将胭脂涂满两个侧脸，以此来彰显自己的美丽和富贵。

修容表现特点如图 3-1-2 所示。

图 3-1-2 修容表现特点

三、眉毛表现特点

唐代造型的画眉即为"画黛眉"，剃去眉毛，用烧焦的柳条或矿石制成的青黑色颜料画眉，眉毛整体上扬，显出一些霸气。唐代最早时盛行"娥眉"，初唐时期盛行"柳叶眉"，中唐时期盛行"八字眉"，晚唐时期最有代表性的是"桂叶眉"。

眉毛表现特点如图 3-1-3 所示。

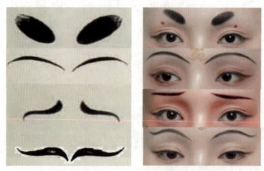

图 3-1-3　眉毛表现特点

四、眼部表现特点

唐代妆容的眼部可以采用上翘的眼尾，睫毛厚重、浓密。眼影的范围是顺着眼线斜向上拉长，眼线略长一些，颜色多红色为主。颜色有深有浅，需根据服装定色，颜色越艳丽，代表地位越高。上下眼线在眼尾处连接会显得人比较犀利睿智，下眼线不连接会使眼睛显得更大。眼头用金色或偏金的颜色提亮，晕染至眉毛的底线，可根据眼线长度确定睫毛的长度。

眼部表现特点如图 3-1-4 所示。

图 3-1-4　眼部表现特点

五、贴花钿

关于花钿的起源，民间流行着许多说法，在唐代发展到鼎盛。贴花钿这种化妆方式又称花子、面花、贴花、媚子，施于眉心，形状多样。它并非用颜料画出，而是将纸等材料剪成花样贴在额间、鬓角、两颊、嘴角（见图 3-1-5）。

唐代花钿的颜色主要有红、黄、绿三种，红色是最常见的。

花钿的形状种类繁多，有桃形、梅花形、宝相花形、月形、圆形、三角形、锥形、石榴花形、三叶形和各式花鸟虫鱼等 30 多种（见图 3-1-6）。

图 3-1-5　贴花钿

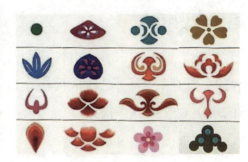

图 3-1-6　花钿的形状

六、点面靥

面靥也称妆靥，是施于面靥酒窝处的一种装饰，在嘴角两侧点上像梨涡一样的小圆点。盛唐以后面靥的点涂范围逐渐扩大，样式也越来越丰富了。

点面靥如图 3-1-7 所示。

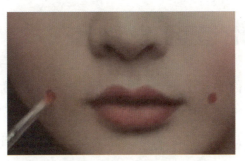

图 3-1-7　点面靥

七、描斜红

描斜红是一种特殊的面饰，梳妆时，在女子眼角两旁各画一个竖起的红色弯弯新月形图案（见图 3-1-8）。相传魏文帝曹丕的妃子薛夜来眼角碰伤流血，血痕使之越发美丽，后人效仿，用胭脂涂画，时间一长，便演变成一种特殊的妆式——斜红，又称晓霞妆。后来随着妆容变得越来越繁复，斜红也出现了卷云形图案。

图 3-1-8　描斜红

八、唇部表现特点

唐代的唇妆被形容为"朱唇一点桃花殷"，即为"涂口脂"。唐代女子酷爱点唇，用朱砂混合动物脂膏制成唇脂，为自己妆成樱桃小口，这就是那个时代美的标准。轻轻一点，又将中国人美唇的审美观念推到了极致。

唇部表现特点如图 3-1-9 所示。

图 3-1-9　唇部表现特点

知·识·准·备·二　唐代造型的发型特点

中国古代女子的发式通称为"髻鬟"，根据梳绾方法，分为"髻"和"鬟"两种。髻是实心的，鬟是环形中空的（"鬟"同"环"音，即环状，可用作与"髻"的区别记忆）。

唐代造型不仅仅是以胖为美，而且还是以高为美，所以唐代女子发型便流行梳"高髻"，凸显身高。

唐代有活泼俏皮的丫髻、端庄可人的双螺髻、慵懒高贵的堕马髻，精巧的发式配上精致的妆容，令多少文人墨士不惜笔墨丹青描绘大唐女子风采。唐代发饰按时间顺序还可分为初唐发型、盛唐发型和晚唐发型。

一、孩童时期发型

唐代女孩儿童时期会将头顶的头发分成左右两发区，编结成两个牛角状的髻固定在头顶及两侧，所以也被称为总角或者总髻。

图 3-1-10 是《冬日戏婴图》中的三角髻造型。

图 3-1-10　《冬日戏婴图》　中的三角髻造型

二、少女时期发型

唐代女孩到青少年时期，会把头发左右两边分别编成一个小髻，显得活泼可爱。此发式的形状如"丫"，因此也被称为丫髻、丫头或者髻丫。

图 3-1-11 所示是唐蓝釉三彩仕女坐俑中的丫鬟造型。

图 3-1-11　丫髻造型（唐蓝釉三彩仕女坐俑）

三、成年时期发型

中国古代女子成年时举行笄礼，标志着女子从此成人，可以出嫁。出嫁时举行结发之礼，成亲之后就不能再梳丫髻，而是梳成人的发髻。

成年人多做高髻以凸显身高，推动了义髻的发展。义髻就是用假发梳成的发髻，也称假髻，是用金属丝或者木头制成框架或各种发髻的式样，再从外面涂上黑漆或加布帛制作而成。义髻的出现使得当时的发髻更加蓬松高耸。杨贵妃就特别喜欢梳义髻，义髻和黄裙子，是她扮靓的两大法宝。

成年时期发型如图 3-1-12 所示。

图 3-1-12　成年时期发型

四、初唐时期发型

初唐时期，女子的发式大多还是沿袭前朝隋代的样式。在初唐画家阎立本的《步辇图》中，我们看到的宫女发式，就是隋代女子常见的样式（见图 3-1-13）。

图 3-1-13　《步辇图》中初唐宫女发式

后来，唐代女子发展出了自己的时尚，渐渐以梳高髻为主流。从唐代初期的出土文物来看，这时的女性发式就有很多，既有低高髻之分，又有单双髻之别，但仍以高髻或偏高髻为主，主要有以下几种。

（一）半翻髻

初唐时，宫人们喜爱梳半翻髻，它是由隋代翻荷式的髻发演变而来的。半翻髻的梳理方法是由下至上，拢起至顶部时突然翻转。此髻的特点是高耸且向一边倾斜，从侧面看确似翻转的荷叶（见图 3-1-14）。

图 3-1-14　半翻髻造型（唐三彩梳妆女俑）

（二）惊鹄髻

惊鹄髻是由魏晋时期的惊鹤髻发展而来的，梳理成鸟的双翼状，犹如鹄鸟被惊吓之后展翅欲飞之态，灵巧生动。梳理方式是将头发拢起至头顶，将其编盘成鸟的双翼形状后用头绳系紧。过去是以真发梳理，后来便在基础发髻上戴上预制好的假髻（见图 3-1-15）。

图 3-1-15　惊鹄髻造型（唐三彩宫廷妇女陶像）

五、大唐盛世时期发型

开元、天宝年间是唐朝国力鼎盛的时期，经济蓬勃发展，社会繁荣，唐初开始流行的高髻在这时达到了一个顶峰。此时的大唐女子发式一改初唐的简洁，而是珠翠满头，一派珠光宝气。

（一）倭堕髻

随着生活的富足和安定，逐渐形成了以丰腴为美的审美风格，圆润的脸颊、双鬓抱面的倭堕髻受到了女子们的追捧。它的造型特点是将头发绾成一髻，再从头顶一侧而垂髻，呈现似坠非坠之状（见图 3-1-16）。

图 3-1-16　唐三彩倭堕髻女坐俑

（二）双鬟望仙髻

盛唐开元年间产生的一种高髻，被誉为"最有仙气的发式"——双鬟望仙髻。空心的鬟，给人一种轻巧灵动的感觉，颇有天上宫阙的仙人之感。这种髻式的梳理方式是将头发自头部正中分开，分别各扎一结，再将多余部分的头发盘成环状，最后将发梢编入耳后发内（见图 3-1-17）。

图 3-1-17　唐彩绘双鬟望仙髻女舞俑

六、唐代晚期造型

高髻的流行可以说是贯穿了整个唐代，由于统治阶级穷奢极侈，中晚唐女性妆饰更加富丽堂皇，并且逐渐开始崇尚病态美。

（一）峨髻

唐代贵族女子最为偏爱的一种高髻是峨髻，发髻高高地耸立于头部，外形犹如陡峭的山峰，甚至有些可达到一尺多高，髻上常常饰有珠翠梳篦和大朵的花或花冠，充满雍容华贵之感（见图3-1-18）。

图3-1-18　《簪花仕女图》中的峨髻造型

（二）堕马髻

堕马髻外形犹如从马上摔落的姿态一样，髻发侧在一边，故取名为堕马髻。堕马髻在晚唐流行的时间不短，是贵族女子的发式（见图3-1-19）。

图3-1-19　《虢国夫人游春图》中的堕马髻造型

（三）抛家髻

中晚期的唐朝国运江河日下，唐末战乱前长安城中的女子将头发梳到两鬓，向后方远抛出倾倒的大鬟，时人称之为抛家髻，后人说这是战乱时将要抛弃家园生活的无奈体现（见图3-1-20）。

图3-1-20　《宫乐图》中的抛家髻造型

知·识·准·备·三 >> 唐代造型的服饰搭配

盛唐时中国成为亚洲各民族经济文化交流的中心，中国吸收各个地方服饰文化，并融入中华文化之中，从壁画、石刻、雕刻、书、画、绢绣、陶俑及服饰之中，充分体现出那时的强盛。

>> 一、唐代造型的服装搭配

唐代时，形制更加开放，服饰愈加华丽。唐代女装的特点是裙、衫、帔的统一。在妇女中间，出现了袒胸露臂的形象。在永泰公主墓东壁壁画上，有一个梳高髻、露胸、肩披红帛、上着黄色窄袖短衫、下着绿色曳地长裙、腰垂红色腰带的唐代妇女形象。

隋唐时期，中国服饰最明显的特点是双轨制。

一是罗裙开胸衫。在唐代，只有身份高贵的人才能穿开胸衫，永泰公主可以，而平民百姓家的女子是不可以的。当时的裙装有点类似现代西方的晚礼服，只是不准露出肩膀和后背（见图3-1-21）。

图3-1-21　《簪花仕女图》中的罗裙开胸衫

二是襦裙半臂衫（见图3-1-22）。半臂这种服饰早在初唐即已出现，半臂是从短襦演变出来的一种服饰，一般都用对襟，穿在胸前结带。也有少数用"套衫"式的，穿时从上套下，领口宽大，呈袒胸状。半臂的下摆可以显现在外，也可以像短襦那样束在裙腰的里面。从传世的壁画、陶俑来看，穿这种服装时，里面一定要衬内衣（如短襦），不能单独使用。

图3-1-22　襦裙半臂衫

二、唐代造型的饰品搭配

项饰有项链、项圈、璎珞等，臂饰有臂钏、手镯，腰饰有玉佩、香囊等。璎珞（见图 3-1-23）原为佛像颈间的一种装饰，随佛教从印度传入中国，唐时为宫女、侍女、舞伎所喜着，其上半部为一圆形金属颈圈，下半部为一珠玉宝石组成的项链，有的在胸前部位还悬挂一较大的锁片形饰物，整体华贵晶莹。臂钏（见图 3-1-24），又称跳脱，是以金属丝盘绕多匝，形如弹簧，或以多个手镯合并而成的饰物，套于手臂，在宫女和仕女中流行。香囊（见图 3-1-25）多用金银制作，镂空，上下两半球以子母扣相扣合，里面有两个同心圆环，环内又置一小香盂，同心圆环之间及小香盂之间均用对称的活轴相连，无论怎样转动，香盂里的香灰都不会倒置洒落。

图 3-1-23　璎珞　　　　　图 3-1-24　臂钏　　　　　图 3-1-25　香囊

女子发首，以戴各式便帽和梳髻为主。所戴便帽，初行"幂"，次行"帷帽"，再行"胡帽"（见图 3-1-26）。唐初女子有"蔽面"习俗，妇女外出多戴幂，幂是一种大幅方巾，一般用轻薄透明的纱罗制成，戴时披体而下，遮蔽面部和身体。高宗时，随社会风气的开放，改戴"施裙至颈"的帷帽。至开元盛世，妇女们干脆去除帽巾，露髻出行，或仿效男子和胡人，裹幞头和戴状奇艳丽的胡帽。胡帽因源于西域和吐蕃各族，状式新颖多变，有的卷檐虚顶，有的装有上翻的帽耳，耳上加饰鸟羽，有的在帽檐部分饰以皮毛等。此外，若出门远行，还戴风帽，以避风尘。

图 3-1-26　幂、帷帽、胡帽

唐代发饰的艺术风格富贵华丽、造型多样、纹饰繁丽，发饰上的纹样无一不栩栩如生，带有祥瑞之意。唐代发饰的代表有簪、钗、步摇、梳栉等。

唐代簪（见图 3-1-27）的一般形态是针状，长度在五六厘米至三十厘米不等，用来配合高耸的发髻，簪头则以金银、珠宝或其他材质进行装饰。根据发髻的不同，簪的插戴形式有所不同。

图 3-1-27　簪

钗（见图 3-1-28）从簪发展而来，与簪的不同之处在于，钗插入头发用于固定的部分是由两股细针组成的，可以看成是簪子的分叉。钗由钗梁和钗首组成。钗的发展随着唐代女子的妆发变化而变化，其中一个特点是长度不断变长。

图 3-1-28　钗

步摇（见图 3-1-29）是用于点缀发髻的簪钗首部的装饰。步摇会在簪钗上带有坠子或流苏，其在佩戴之人行动时会随步而动，因此得名。步摇主要流行的典型样式是花朵形、水滴形、圆形等。唐代的步摇不仅延续了古代样式，也有于簪钗合制的创新之举，比如出现了悬挂坠饰的簪钗样式。

图 3-1-29　步摇

梳篦（见图 3-1-30）由梳齿和梳背两部分组成，装饰的部分几乎全部集中在梳背上。其用法是将梳齿插入发髻中，露出梳背上的装饰，对发髻起到一种装饰作用。

图 3-1-30　梳篦

实·践·操·作 >> 唐代造型

唐代状造

>> 一、唐代造型的妆面设计技巧、步骤与方法

第一步 **底妆**（见图 3-1-31）。妆前做好清洁保湿，保持干净水润的肌肤状态。薄涂隔离，均匀肤色。选择白色粉底进行打底，用化妆刷蘸取少量粉底由内向外全脸均匀地按压。不做刻意修饰。

图 3-1-31　底妆

第二步 **定妆**（见图 3-1-32）。干粉扑上均匀蘸取接近肤色的散粉，轻轻按压全脸，然后用大的散粉刷扫去多余的粉。

图 3-1-32　定妆

操作技巧：
1. 化妆前可以选用收敛性的化妆水和含油量不大的乳液，这样会减缓脱妆速度。
2. 隔离的选择：紫色适合暗黄肌肤，绿色适合泛红的痘痘肌，肤色适合于较好的原生肌。
3. 定妆粉量以粉扑向下、粉不落地为宜，嘴周和眼周定妆时散粉要少且薄，太厚容易卡粉。

第三步 **脸部修饰**（见图 3-1-33）。不做提亮修饰，腮红选用红色系，根据唐代造型特点，扫满两个侧脸。

图 3-1-33　脸部修饰

第四步 **眉毛**（见图 3-1-34）。修眉时将眉头和眉峰修剪掉，只保留纤细的眉腰。用眉笔画出唐代时期的柳叶弯眉，眉头要实，整体纤细又长。

图 3-1-34　眉毛

操作技巧：
1. 腮红注意边缘的晕染，不要过于突兀。
2. 眉笔与眉粉搭配使用，制造虚实结合的效果，增加眉毛真实感。

第五步 **眼影**（见图 3-1-35）。用眼影刷蘸适量红色系眼影粉，用渐层法顺着眼睑斜向上拉长，晕染至眉毛的底边，眼头用金色或偏金的颜色提亮。

图 3-1-35　眼影

第六步 **眼部修饰**（见图 3-1-36）。眼线顺着眼睑向上拉长，比眼影略短一些，上下眼线在眼尾处连接。

图 3-1-36　眼部修饰

操作技巧：

1. 眼影刷每次都是从睫毛根部开始向外做渐变，这样眼影颜色更容易晕染均匀。

2. 眼影颜色多选红色，颜色有深有浅，具体根据服装定色。

3. 眼妆前下眼睑处可以薄铺一层散粉，眼妆完成后扫除散粉。

第七步 **贴花钿**（见图 3-1-37）。选用符合造型身份的花钿，贴在额头中间。

图 3-1-37　贴花钿

第八步 **点面靥**（见图 3-1-38）。用红色油彩在嘴角两侧点涂小圆点。

图 3-1-38　点面靥

操作技巧：花钿选用成品粘贴，注意不要破坏底妆；选用油彩绘画，要一次成型。

第九步 **描斜红**（图 3-1-39）。用红色油彩在眼角两旁各画一条弧线，用眼影刷向太阳穴处晕染。

图 3-1-39　描斜红

第十步 **唇部**（图 3-1-40）。口红颜色选用红色系，尽量遮住原本的唇色，唇色饱和度要高。上唇全涂，下唇涂 2/3。

图 3-1-40　唇部

操作技巧：不画唇线，唇色不做晕染，提高饱和度。

第十一步　**妆面完成**（见图 3-1-41）。

图 3-1-41　妆面完成

操作技巧：调整细节，保持妆面干净。

唐代发型

二、唐代造型的发型设计技巧、步骤与方法

第一步　**头发分区**（见图 3-1-42）。以耳顶点连线，将头发梳顺后分为前发区和后发区两个区。

图 3-1-42　头发分区

第二步　**固定前发区小号假发包**（见图 3-1-43）。将前发区假发包固定在耳顶点连线处，并注意左右两边位置需对称一致。

图 3-1-43　固定前发区小号假发包

操作技巧：固定假发包时，用发卡以"X"形方式固定，更为牢固。

第三步　**前发区固定**（见图 3-1-44）。前发区头发用玉米烫夹板垫发根，呈现蓬松状，将前发区头发覆盖住假发包后固定，覆盖后需确保头发表面光滑平顺，发丝纹理清晰。将覆盖后剩余的发尾编成辫子并固定在脑后。

图 3-1-44　前发区固定

第四步　**固定前发区大号假发包**（见图 3-1-45）。将假发包固定在前发区发尾辫子处。正视时假发包略高于前发区造型，侧视时假发包与前发区发髻贴近无缝隙。

图 3-1-45　固定前发区大号假发包

操作技巧：靠近假发包处的头发进行倒梳，可加强发片的延展性和连续性。

第五步 **后发区头发梳理**（见图 3-1-46）。
将后发区头发以两耳顶点连线点为中心，呈放射性梳理发丝并固定，使后发区呈圆形平整发区。

图 3-1-46　后发区头发梳理

第六步 **固定长条假发包**（见图 3-1-47）。
将长条假发包固定在后发区，后视时呈 U 形造型。

图 3-1-47　固定长条假发包

操作技巧：假发包根部用发卡以"X"形方式固定。

第七步 **固定后发区假发包和假发髻**（见图 3-1-48）。假发包固定在后发区上方，与前发区假发包平齐、贴近无缝隙。假发髻固定在后发区假发包上。

图 3-1-48　固定后发区假发包和假发髻

第八步 **后发区假发包和假发髻造型调整**（见图 3-1-49）。正视时能看到假发髻完整造型；侧视时后区假发包与前区假发包平齐，假发髻立于假发包之上。

图 3-1-49　后发区假发包和假发髻造型调整

操作技巧：发网的固定点用钢夹，边缘遮挡可以用 U 形夹。

第九步 **后发区头发固定**（见图 3-1-50）。
将后发区头发倒梳后往上覆盖住假发包，并固定。固定时头发表面需光滑平顺，发丝纹理需干净清晰。然后再用发网兜住，并再次固定。

图 3-1-50　后发区头发固定

第十步 **发型整体造型调整**（见图 3-1-51）。整理发丝，调整造型，喷发胶定型，完成。

图 3-1-51　发型整体造型调整

操作技巧：
1. 避免假发片散落，做造型之前可以涂抹发蜡、摩丝等产品，使发片成为一个整体。切勿过多涂抹。
2. 发尾通常藏在同一位置，或发髻与发包的交接处。

第十一步 正面佩戴饰品（见图3-1-52）。

图 3-1-52　正面佩戴饰品

第十二步 正面佩戴饰品调整造型（见图 3-1-53）。发型空缺处补充发饰。

图 3-1-53　正面佩戴饰品调整造型

操作技巧：发簪类饰品，用"S"形插入方式固定，片状饰品用 U 形夹固定。

第十三步 后面佩戴饰品（见图3-1-54）。

图 3-1-54　后面佩戴饰品

第十四步 侧面佩戴饰品（见图3-1-55）。

图 3-1-55　侧面佩戴饰品

操作技巧：唐代配饰较重，使用发卡以"X"形方式固定。

第十五步 佩戴饰品完成（见图3-1-56）。

图 3-1-56　佩戴饰品完成

第十六步 调整造型（见图3-1-57）。检查整个发型的形状及弧度，如有碎发需整理干净。饰品佩需戴对称。

图 3-1-57　调整造型

第十七步 整体造型完成（见图3-1-58）。

图 3-1-58　整体造型完成

任·务·评·价

评价标准		得分			
		分值	学生自评	学生互评	教师评定
准备工作	准备物品齐全	5			
	准备物品干净整洁	5			
	操作者仪容仪表（头发整齐，穿实训服，佩戴工牌）	5			
时间限制	在规定时间内完成任务	10			
礼仪素养	在操作中与顾客交流顺畅，动作规范轻柔，化妆台物品整洁	10			
技能操作	底妆干净轻薄，与脖颈无明显分界线	10			
	花钿、斜红、面靥位置准确，面靥对称，颜色选用合理	15			
	假发包使用合理，真、假发结合自然，饰品佩戴牢固	20			
	妆面、发型与服饰三者相协调	10			
	眉毛对称，符合柳叶眉的特点	10			
合计					

综·合·运·用

请你为一位长发女顾客设计一个盛唐时期的古装造型，并写出造型方案。

任务二　民国造型

任务描述：能够在90分钟内完成民国造型。

用具准备：底妆工具、定妆工具、化妆刷、眉笔（黑色）、修容粉、腮红粉、眼影盘、唇彩、发胶、尖尾梳、卷发棒、鸭嘴夹、服装。

实训场地：化妆实训室（20套桌椅镜台、多媒体大屏、更衣间）。

技能要求：1. 能够打造典雅精致不失真实的底妆。

2. 能够按照化妆程序自主完成民国造型。

知·识·准·备·一 >> 民国造型的妆面特点

民国造型妆色取法自然，浓艳而不失真实，要求集典雅精致为一体，不留印迹，妆面自然生动，妆效持久。民国时期的装扮受西方影响颇多，女子追求可以使东方人五官看起来柔和的细眉，唇妆用色大胆，口红选用红色系，在眼妆方面，开始追求深色的眼影和翻翘的睫毛。

▶ 一、底妆表现特点

民国造型的妆容整体效果是光滑干净的，底妆应选用贴近肤色的强遮瑕功效粉底，以保证整张脸看起来通透自然；再用肤色的哑光散粉进行定妆；民国造型的细眉已经对面部进行了修饰，不需要额外修饰脸部的轮廓。

底妆表现特点如图 3-2-1 所示。

图 3-2-1　底妆表现特点

▶ 二、眼部表现特点

1. 眼影：眼影使用大地色系中的颜色，强调描画出眼窝，塑造眼睛的立体感。
2. 眼线：画全包眼线，上眼线内眼角处细、外眼角处粗，下眼线同理，颜色以黑色为主。
3. 睫毛：睫毛浓密的人可不贴假睫毛，整体呈现翻翘的感觉，睫毛膏不宜涂得过于浓重（见图 3-2-2）。

图 3-2-2　睫毛表现

▶ 三、眉毛表现特点

眉色与发色相同或略深于发色，眉形纤细、弯曲，用于柔和东方女子面部的轮廓感，高贵并且充满魅力，使整个妆面凸显古典感觉。

眉毛表现特点如图 3-2-3 所示。

图 3-2-3　眉毛表现特点

四、唇部表现特点

民国时期的唇妆多依据原有唇形进行描画，显得饱满自然，突破了中国自古以来崇尚的以"樱桃小口"为美的观念，可以说是中国女子唇妆史上的转折。唇色选用高饱和度的大红色，显得典雅精致，富有古典韵味。

唇部表现特点如图 3-2-4 所示。

图 3-2-4　唇部表现特点

五、修容表现特点

1. 基础修容：只在面部 T 区进行提亮色修饰，注意与底妆进行自然衔接。

2. 腮红：自颧弓处向颧骨处进行轻扫，选用口红色的同类色，用量宜少不宜多，营造出面色红润的气色。

修容表现特点如图 3-2-5 所示。

图 3-2-5　修容表现特点

知·识·准·备·二 >> **民国造型的发型特点**

民国时期的发型根据女子身份的不同，基本分为三种。

一是民国女学生发型，发型为比较保守的马尾辫或包包发（见图3-2-6）。使用卷发棒在发尾烫卷，短发做内扣，长发自然做低角度马尾辫。

图3-2-6　民国女学生发型

二是年轻知识女性发型，发型为比较时尚的欧式宫廷卷发（见图3-2-7）。使用卷发棒自发根向发尾方向纵向取发片进行烫发，再用手推出波纹并固定。

图3-2-7　年轻知识女性发型

三是成年女性发型，发型为比较稳重的手推波（见图3-2-8）。使用卷发棒自发根向发尾方向横向取发片进行烫发，再用手推出波纹并固定。

图3-2-8　成年女性发型

▶▶ **民国造型的服饰搭配**

民国初受清朝和西方文化的双重影响，男子服饰出现了从长袍马褂向中山装和西装逐步过渡的趋向，女子服饰变得日益丰富多彩，主要为学生装和旗袍两种服装造型。

▶ 一、学生装

学生装的典型搭配是短袄长裙（见图 3-2-9）。一般上衣窄小，领口多为立领，短袄衣身齐腹，略有翘腰，下摆成弧形者居多，衣袖过肘，袖口加宽成喇叭形，全衣无绣饰，衣色为白色、灰色、淡蓝色不等。长裙为深色、黑色或条纹等，一般无皱褶，自然下垂至膝盖下，与短袄形成鲜明对比。此装扮朴素简洁和淡雅之中，尤其有中国民族服饰的风韵。头发剪成齐刘海，戴一副眼镜，穿一双搭带布鞋，不施粉黛，不戴簪钗、手镯、耳环、戒指等饰品。因为这种服饰明显区别于 20 世纪 20 年代以前的清代服装而被称为"文明新装"。

▶ 二、旗袍

旗袍是在原满族男女通用的旗袍的基础上结合西式服装简短的特点改良而来的。改良后的旗袍由长及足面缩短至小腿，由直通式改为收腰式，袖子由宽大改为上贴下散式，领子仍保留高领（见图 3-2-10）。这种旗袍剪裁简单，旗袍的形象和中国传统的审美观十分契合，迎合了中国女性温和内敛的性格特点。穿上这种旗袍的女性无不展示出一种规整、含蓄、端庄的东方女性之美。

图 3-2-9　学生装　　　　　　　图 3-2-10　旗袍

▶ 三、民国造型饰品搭配

常见为手拎小巧玲珑的提兜、素色的扇子和制作精美的绢伞（见图 3-2-11）。

图 3-2-11　民国造型饰品搭配

实·践·操·作 >> **民国造型**

民国状造

>> 一、民国造型的妆面设计技巧、步骤与方法

第一步 **底妆**（见图 3-2-12）。妆前做好清洁保湿，保持干净水润的肌肤状态。薄涂隔离，均匀肤色，选择接近肤色的粉底液为基础底色，用化妆刷蘸取少量粉底由内向外，全脸均匀地按压。用比基础底色亮 1 度的粉底进行 T 区提亮。

图 3-2-12　底妆

第二步 **定妆**（见图 3-2-13）。干粉扑上后，均匀蘸取接近肤色的散粉，轻轻按压全脸，然后用大的散粉刷扫去多余的粉。

图 3-2-13　定妆

操作技巧：
1. 化妆前可以选用收敛性的化妆水和含油量不大的乳液，这样会减缓脱妆速度。
2. 隔离的选择：紫色适合暗黄肌肤，绿色适合泛红的痘痘肌，肤色适合较好的原生肌。
3. 定妆粉量以粉扑向下、粉不落地为宜，嘴周和眼周定妆时散粉要少且薄，太厚容易卡粉。

第三步 **眼影**（见图 3-2-14）。先用眼影刷蘸取适量浅咖色眼影粉，大面积晕染在上眼睑，并在眼尾强调一个向上的弧度，浅咖色打底让眼窝瞬间深邃；再用深 1 度深棕色，在上眼睑的眼角处和眼尾处过渡，营造出渐变有层次感的效果；最后上眼睑中间用杏色提亮。

图 3-2-14　眼影

第四步 **眼部修饰**（见图 3-2-15）。画全包眼线，前细后粗，下眼睑也是同理，这样画出来的眼妆有复古神韵。卧蚕可不画。轻轻地刷上下睫毛，要自然，重点强调纤细卷翘的效果。

图 3-2-15　眼部修饰

操作技巧：
1. 眼影刷每次都是从睫毛根部开始向外做渐变，这样眼影颜色更容易晕染均匀。
2. 在使用深色眼影时用按压的技法上妆，避免因为掉粉导致眼妆过脏。
3. 眼妆前下眼睑处可以薄铺一层散粉，眼妆完成后扫除散粉。

第五步　**眉毛**（见图3-2-16）。修眉时将眉头和眉峰修剪掉，只保留纤细的眉腰。用眉笔画出民国时期的柳叶弯眉，眉头要实，整体纤细又长。

图3-2-16　眉毛

第六步　**唇部**（见图3-2-17）。口红颜色选用红色系，尽量遮住原本的唇色，唇色饱和度要高。

图3-2-17　唇部

操作技巧：眉笔与眉粉搭配使用，制造虚实结合的效果，增加眉毛真实感。

第七步　**脸部修饰**（见图3-2-18）。先用修容刷蘸取少量深色修容粉，在外轮廓处均匀而不露边缘线地打圈修容；再用提亮刷蘸少量浅色修容粉刷在高光处提亮；最后选用与唇色同类色的腮红，根据民国造型自颧弓处向颧骨处轻扫上色。

图3-2-18　脸部修饰

第八步　**妆面完成**（见图3-2-19）。

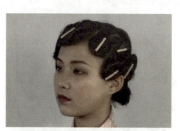

图3-2-19　妆面完成

操作技巧：修容时以提亮为主，保持妆面干净。

二、民国造型的发型设计技巧、步骤与方法

民国女学生发型

（一）女学生发型

第一步　**平卷**（见图3-2-20）。将发尾进行平卷，呈现C形发尾。

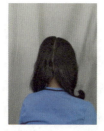

图3-2-20　平卷

第二步　**头发分区**（见图3-2-21）。将头发分区，分为刘海区和马尾辫两区，并编马尾辫。

图3-2-21　头发分区

操作技巧：使用卷发棒做卷时，肩部以上的短发用25~28 mm的卷发棒，肩部以下的长发用32 mm的卷发棒。烫完卷不要马上拨松，稍待片刻后再做处理。

第三步 内卷（见图3-2-22）。刘海用卷发棒向内卷一圈，做出斜刘海。

图 3-2-22　内卷

第四步 整体造型完成（见图3-2-23）。

图 3-2-23　整体造型完成

操作技巧：处理刘海的发片时可适当用一定力度向上提拉，这样卷出来的刘海自然蓬松。

（二）年轻知识女性发型

年轻知识女性发型

第一步 头发分区（见图3-2-24）。将头发分为三个区，以耳顶点过头顶点连线分出前后发区，再将前发区以头顶点向眉心处连线分为左发区和右发区。

图 3-2-24　头发分区

第二步 卷发（见图3-2-25）。在后发区纵向取发片，用卷发棒烫发，在左发区和右发区纵向取发片，自头发1/2处开始烫发。完成后及时定型。

图 3-2-25　卷发

操作技巧：使用卷发棒做卷时，可选用25~28 mm的卷发棒。烫完卷不要马上拨松，稍待片刻后再做处理。每完成一排发卷喷一次发胶。

第三步 固定（见图3-2-26）。在左右发区将发片交叉固定至耳顶点后侧，后发区发片自然垂落。

图 3-2-26　固定

第四步 整体造型完成（见图3-2-27）。

图 3-2-27　整体造型完成

操作技巧：固定左右两侧发卷时，注意靠近前额处的发片要固定在耳顶点上方。打理整体发型时，不可将发卷梳开。

（三）成年女性发型

成年女性发型

第一步 **头发分区**（见图 3-2-28）。先将头发前后分区，再将前发区三七分。

图 3-2-28　头发分区

第二步 **卷发**（见图 3-2-29）。在前发区左右两侧，分别横向取发片用卷发棒烫发。

图 3-2-29　卷发

操作技巧：使用卷发棒做卷时，可选用 25~28 mm 的卷发棒。烫完卷不要马上拨松，稍待片刻后再做处理。

第三步 **手推波**（见图 3-2-30）。根据发卷走向，进行手推波并固定。后发区头发可做低发髻处理。

图 3-2-30　手推波

第四步 **整体造型完成**（见图 3-2-31）。

图 3-2-31　整体造型完成

操作技巧：
1. 制作手推波之前，可先固定后发区头发，并喷发胶定型。
2. 制作手推波时，用排骨梳整体梳理一次，让发片之间紧密连接。

任·务·评·价 ▶▶▶

评价标准		分值	得分		
			学生自评	学生互评	教师评定
准备工作	准备物品齐全	10			
	准备物品干净整齐	5			
	操作者仪容仪表（头发整齐，穿实训服，佩戴工牌）	5			

评价标准		得分			
		分值	学生自评	学生互评	教师评定
时间限制	是否在规定时间内完成任务	10			
礼仪素养	在操作中与顾客交流顺畅，动作规范轻柔，化妆台物品整洁	10			
技能操作	底妆干净轻薄，与脖颈无明显分界线	15			
	眼影描画过渡自然、无明显分界线，眼线纤细，眉毛对称	15			
	使用卷发棒的手法准确，操作发型时动作流畅，避免发型毛糙	20			
	妆面、发型与服饰三者相协调	10			
合计					

综·合·运·用 ▶▶

　　一位短发顾客来拍民国造型风格的写真，你将如何设计造型呢？请设计一个造型方案。

任务三　20世纪90年代港风造型

　　任务描述：能够在90分钟内完成20世纪90年代港风整体造型。

　　用具准备：底妆工具、定妆工具、化妆刷、眉笔（黑色）、修容粉、腮红粉、眼影盘、唇彩、发胶、尖尾梳、卷发棒、鸭嘴夹、服饰配件。

　　实训场地：化妆实训室（20套桌椅镜台、多媒体大屏、更衣间）。

　　技能要求：1. 能够营造出20世纪90年代港风时尚造型。

　　　　　　　　2. 能够按照20世纪90年代港风造型完成妆发服饰的设计与搭配。

知·识·准·备·一 ▶▶　20世纪90年代港风造型的妆面特点

　　"港风"是指20世纪八九十年代，由中国香港女星带火的一种时尚风格，从妆发到穿衣打扮都散发着独特、明媚的美，给人风情万种的感觉，能够突显亚洲人的古典美，至今也是时尚界追捧的风潮之一。

一、底妆表现特点

　　港风妆容追求的是明艳大气之美,底妆不要选择太白的粉底液,选择偏向哑光质地肤色的粉底液即可,底妆只要起到均匀肤色、遮盖瑕疵的作用就可以。港风妆容的重点在眉眼和嘴唇上,底妆越简单越好,底妆主要是打造出干净透亮的妆效。

　　底妆表现特点如图 3-3-1 所示。

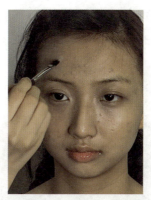

图 3-3-1　底妆表现特点

二、眼部表现特点

　　1.眼影:港风妆容里最重要的就是柔媚的眼妆,选择深浅不一的大地棕色眼影并使用哑光浅棕色大面积涂抹在眼皮并且向上晕染拉长,营造深邃动人感。

　　2.眼线:半包的眼线和根根分明的睫毛,强调炯炯有神的眼睛,眼头和眼尾粗,下眼线轻轻晕开,尽量使用防水的眼线胶笔和睫毛膏,保持眼睛的清澈感很重要。

　　3.睫毛:用睫毛夹夹至卷翘,再用"Z"字形走向刷睫毛膏定型。

　　眼部表现特点如图 3-3-2 所示。

图 3-3-2　眼部表现特点

三、眉毛表现特点

　　港风妆容的眉毛具有浓郁、根根分明、黑色三大特点。眉形保持原生态,打造自然野生的状态,充满灵气不过多修饰,把眉尾自然拉长,显得脸部五官线条更加流畅、干净,给人一种清新脱俗的气质。

　　眉毛表现特点如图 3-3-3 所示。

图 3-3-3　眉毛表现特点

四、唇部表现特点

　　饱满的红唇是港风妆容的精髓所在。用唇线笔勾勒唇形，做到棱角分明，使用饱和度高的烈焰哑光口红，将性感妩媚的复古港式风情表现得淋漓尽致。除了正红色，深红和豆沙色都是可以选择的。

　　唇部表现特点如图 3-3-4 所示。

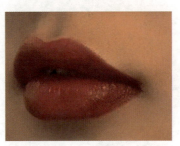

图 3-3-4　唇部表现特点

五、修容表现特点

　　1. 基础修容：为了突出骨相美，强调面部立体感，要利用高光暗影进行修容。在 T 区、三角区和眼睛下面的部位用高光提亮，凸显五官的立体感。

　　2. 腮红：选用与眼影、口红色的同类色，自颧弓处向颧骨处轻扫，打造出脸部轮廓感。

　　修容表现特点如图 3-3-5 所示。

图 3-3-5　修容表现特点

知·识·准·备·二 >>> 20 世纪 90 年代港风造型的发型特点

　　不同港风造型的发型有不同的韵味。在港风发型中，无论是长发还是短发，颅顶的发量一定要蓬松，这样塑造出来的发型，不仅会拉长视觉效果，也会对修饰脸形起到一定作用。常见的港式发型有长直发、羊毛卷、大波浪卷、短发（见图 3-3-6）。

图 3-3-6　港风发型

知·识·准·备·三 >>> 20 世纪 90 年代港风造型的服饰搭配

　　港风服装版型偏大，色彩比较单一，大都以深色调为主。港风的服饰有很多经典元素在里面，比如条纹、波点、印花等。港风最显著的特征就是帅气，率性有创意，酷且随意，深受年轻人喜爱，穿的时候可以随意地进行搭配。例如，大边框的眼镜、复古风的邮差包、夸张又自带风情的耳环、中筒袜、发带等，都可以将复古港风的氛围拉满（见图 3-3-7）。

图 3-3-7　港风造型的服饰搭配

港风状造

实·践·操·作 » 20世纪90年代港风造型

» **一、20世纪90年代港风造型的妆面设计技巧、步骤与方法**

第一步 **底妆**（见图3-3-8）。妆前做好清洁保湿，保持干净水润的肌肤状态。薄涂隔离，均匀肤色。选择接近肤色的粉底液为基础底色，颜色不要太白，用化妆海绵蘸取少量粉底由内向外，全脸均匀地按压。用比基础底色亮1度的粉底进行T区提亮。外轮廓扫阴影，脸颊处修容从后往前扫，让面部更加立体。

图 3-3-8 底妆

第二步 **定妆**（见图3-3-9）。选择与肤色相近的散粉或粉饼，搭配散粉刷，均匀涂抹脸部，直至脸部无油光、光滑为止，定妆结束。

图 3-3-9 定妆

操作技巧：
1. 化妆前可以选用收敛性的化妆水和含油量不大的乳液，这样会减缓脱妆速度。
2. 隔离的选择：紫色适合暗黄肌肤，绿色适合泛红的痘痘肌，肤色适合较好的原生肌。
3. 定妆粉量以粉扑向下、粉不落地为宜，嘴周和眼周定妆时散粉要少且薄，太厚容易卡粉。

第三步 **眼部修饰**（见图3-3-10）。眼影以哑光大地棕色为主，加强眼部轮廓，不要选择带闪的眼影。用眼线胶笔画半包眼线，睫毛自然卷翘，轻轻地刷上下睫毛，也可以贴上自然的单簇睫毛。

图 3-3-10 眼部修饰

第四步 **眉毛修饰**（见图3-3-11）。选择黑色或者灰黑色眉笔，按原生眉毛的走向画眉，根根分明，画出毛绒感、野生眉的感觉。

图 3-3-11 眉毛修饰

操作技巧：
1. 画眉毛前一定将杂毛清除干净，眉笔营造虚实结合的效果，增加眉毛真实感。
2. 在使用深色眼影时用按压的技法上妆，避免因为掉粉导致眼妆过脏。
3. 在眼妆前，下眼睑处可以薄铺一层散粉，眼妆完成后扫除散粉。

第五步 唇部（见图 3-3-12）。用唇线笔勾勒出唇部轮廓，然后画出饱满的红唇。

图 3-3-12　唇部

第六步 修容（见图 3-3-13）。用修容刷蘸取深色修容粉，在外轮廓处均匀而不露边缘线地打圈修容，在 T 区、三角区、眼睛下面的部位用高光提亮，体现立体感；腮红与唇色选择同类色。

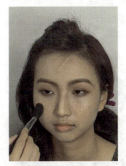

图 3-3-13　修容

操作技巧：

1. 唇线笔选择比口红深的颜色，体现唇部立体感。
2. 修容时保持妆面干净。

第七步 妆面完成（见图 3-3-14）。

图 3-3-14　妆面完成

二、20世纪90年代港风造型的发型设计技巧、步骤与方法

港风发型

（一）港风发型一

第一步 头发分区（见图 3-3-15）。横分三大区，竖分 1~2 cm 的发束。

图 3-3-15　头发分区

第一步 卷发（见图 3-3-16）。将分好区的发片使用 25 mm 以上的卷发棒进行全头卷发。

图 3-3-16　卷发

操作技巧：使用卷发棒做卷时，肩部以上的短发用 25~28 mm 的卷发棒，肩部以下选择 32 mm 以上大小的卷发棒。烫完卷不要马上拨松，稍待片刻，微定型后再做处理。

第三步 **整理**（见图 3-3-17）。全头卷发后，将头发梳顺，根据颅顶的头发发量进行打毛，营造蓬松的感觉。

图 3-3-17　整理

第四步 **定型**（见图 3-3-18）。喷发胶定型。

图 3-3-18　定型

操作技巧：
1. 打毛时注意角度和手法。
2. 整理定型时，发胶不宜使用过多，以免对头发造成负担。

第五步 **造型完成**（见图 3-3-19）。

图 3-3-19　造型完成

（二）港风发型二

第一步 **头发分区**（见图 3-3-20）。根据脸形将头发三七分区。

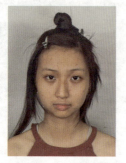

图 3-3-20　头发分区

第二步 **卷发**（见图 3-3-21）。选用 32 mm 以上的卷发棒进行卷发。头顶位置横向取发片，进行操作。完成全头卷发。

图 3-3-21　卷发

　　操作技巧：使用卷发棒做卷时，肩部以上的短发用 25~28 mm 的卷发棒，肩部以下选择 32 mm 以上的卷发棒。烫完卷不要马上拨松，稍待片刻，微定型后再做处理。

第三步 **整理**（见图 3-3-22）。全头卷发后，将头发梳顺，额头上方的发根需向后立起，营造蓬松的感觉。

图 3-3-22　整理

第四步 **定型**（见图 3-3-23）。将所有头发的发尾顺向一侧，喷发胶定型。

图 3-3-23　定型

　　操作技巧：整理定型时，发胶不宜使用过多，以免对头发造成负担。

第五步 **造型完成**（见图 3-3-24）。

图 3-3-24　造型完成

任·务·评·价

评价标准		得分			
		分值	学生自评	学生互评	教师评定
准备工作	准备物品齐全	10			
	准备物品干净整齐	5			
	操作者仪容仪表（头发整齐，穿实训服，佩戴工牌）	5			

续表

评价标准		得分			
		分值	学生自评	学生互评	教师评定
时间限制	在规定时间内完成任务	10			
礼仪素养	在操作中与顾客交流顺畅，动作规范轻柔，化妆台物品整洁	10			
技能操作	底妆干净轻薄，与脖颈无明显分界线	15			
	眼影描画过渡自然、无明显分界线，上下眼影选择合理，睫毛卷翘，眉毛根根分明，唇部对称	35			
	妆面、发型与服饰三者相协调	10			
合计					

综·合·运·用 》》

蓉蓉最近迷上了港风造型，来到写真店进行拍摄，如果你是蓉蓉的造型师，你会从哪些方面进行设计呢？

单·元·回·顾 》》

年代特征造型是根据不同时期的特点营造出具有时代特色的造型，本项目主要围绕唐代、民国、20世纪90年代港风三种造型进行讲解。在影视中常出现这三种造型，在影楼写真中也常出现，本项目对从事人物整体造型的设计人员具有一定的帮助。

📋 单元练习

一、填空题

1.历史上发髻虽然款式众多，但依人而定，髻的部位不同，可分为两大类：一类是位于颈背的（   ），另一类是结于头顶（   ）。

2.唐代妇女的发型十分繁多，以梳（   ）为美，发式有云髻、（   ）、反绾髻、半翻髻、（   ）、双环望仙髻、回鹘髻、乌蛮髻等。

3.唐代花钿的颜色主要有（　　　）、（　　　）、（　　　）三种，红色是最常见的。

4.唐代妆容的眉毛可上扬，显出一些霸气。唐朝最早时盛行娥眉，初唐时期盛行（　　　），中唐时期盛行（　　　），晚唐时期最有代表性的是（　　　）。

5.在涂睫毛膏后，要保持睫毛一根根呈（　　　）状态。

6.描画眉毛时，第一笔应从（　　　）入手。

7.民国时期的装扮受西方影响颇多，女子追求可以使东方人五官看起来柔和的（　　　）。

8.民国造型唇妆用色大胆，唇膏选用（　　　）色系。

9.民国时期的发型根据女子身份的不同基本分为（　　　）种造型。

10."港风"是指（　　　），由中国香港女星带火的一种时尚风格，从妆发到穿衣打扮都散发着独特、明媚的美，给人风情万种的感觉，能够突显亚洲人的古典美，至今也是时尚界追捧的风潮之一。

11.港风妆容追求的是明艳大气之美，底妆不要选择太白的粉底液，选择偏向（　　　）质地肤色的粉底液即可。

12.港风妆容采用（　　　）的眼线和根根分明的睫毛，强调炯炯有神的眼睛，眼头和眼尾粗，下眼线轻轻晕开，尽量使用防水的眼线胶笔和睫毛膏，保持眼睛的清澈感很重要。

13.使用卷发棒做卷时，肩部以上的短发用25~28 mm的卷发棒，肩部以下选择（　　　）mm以上的卷发棒。

14.化妆前可以选用收敛性的（　　　）和含油量不大的乳液，这样会减缓脱妆速度。

15.定妆粉量以粉扑向下、粉不落地为宜，嘴周和眼周定妆时散粉要（　　　）且（　　　），太厚容易卡粉。

二、选择题

1.花钿在魏晋南北朝时期就出现了，贴花钿这种化妆方式又称花子、面花、贴花、媚子，施于（　　　），形状多样。

　　A.唇角　　　　B.眉心　　　　C.太阳穴　　　D.脸颊

2.面靥是可画可贴的，点在双颊（　　　）处，形状像豆、桃杏、星、弯月等，多用朱红，也有黄色、墨色，也称"妆靥"。

　　A.脸颊　　　　B.眉心　　　　C.太阳穴　　　D.酒窝

3.（　　　）是画在太阳穴部位的红色装饰。唐代女俑脸部常绘有两道红色的月牙形妆饰，这种妆饰色泽浓艳。

　　A.斜红　　　　B.面靥　　　　C.花钿　　　　D.酒晕

4.民国造型在眼妆方面，开始追求（　　　）的眼影和翻翘的睫毛。

  A．彩色　　　　　B．浅色　　　　　C．深色　　　　　D．以上都不正确

5.民国造型的眼线形式有所改变，多选用（　　　），颜色以黑色为主。

  A．画全包眼线　　　　　　　　B．只画上眼线

  C．只画下眼线　　　　　　　　D．以上都不正确

6.港风妆容的眉毛具有浓郁、根根分明、（　　　）三大特点。眉形保持原生态，打造自然野生的状态，充满灵气不过多修饰，把眉尾自然拉长，显得脸部五官线条更加流畅、干净，给人一种清新脱俗的气质。

  A．黑色　　　　　B．灰色　　　　　C．棕色　　　　　D．棕黄色

7.不同港风造型的发型有不同的韵味。在港风发型中，无论是长发还是短发，颅顶的发量一定要蓬松，这样塑造出来的发型，不仅会拉长视觉效果，也会对修饰脸形起到一定作用。常见的港式发型有长直发、（　　　）、大波浪卷、短发。

  A．羊毛卷　　　　　B．公主切　　　　　C．手推波纹　　　　D．长编发

8.唐代女孩到青少年时期，会把头发左右两边分别编成一个小髻，显得活泼可爱。此时代女孩是（　　　）发髻。发式的形状如"丫"，因此也被称为丫髻、丫头或者髻丫。

  A．半翻髻　　　　　B．惊鸿髻　　　　　C．丫髻　　　　　D．峨髻

三、判断题

1.唐妆的妆面是采用了在古代很少被用的偏白色粉底。　　　　　　　　　（　　　）

2.唐代妆容的眼部可采用平直的眼线技巧，睫毛厚重浓密，眉毛也会向斜上挑直到头发的鬓角。　　　　　　　　　　　　　　　　　　　　　　　　　　　　　　　（　　　）

3.从隋唐时期开始，妆面比较繁复，形式多种多样，除了面白，腮红，唇朱，还有花钿、面靥、斜红等修饰。　　　　　　　　　　　　　　　　　　　　　　　　　　（　　　）

4.唐妆的整体妆面特点为迎合现代影视戏剧化妆要求，需大气、艳丽，以线条为主，颜色以桃红，紫红、金黄、橄榄绿均可，整体显得妩媚动人。　　　　　　　　　（　　　）

5.唐代妆容的眉毛可上扬，显出一些霸气。唐朝最早时是"娥眉"，初唐时期是"八字眉"，中唐时期是"柳叶眉"，晚唐时期最有代表性的是"桂叶眉"。　　　　　　（　　　）

6.面靥是可画可贴的，点在双颊酒窝处，形状像豆、桃杏、星、弯月等，多用朱红，也有用黄色、墨色，也称"斜红"。　　　　　　　　　　　　　　　　　　　　　（　　　）

7.唐代妇女的发型十分繁多，以梳高髻为美，发式有云髻、螺髻、反绾髻、半翻髻、三角髻、双环望仙髻、回鹘髻、乌蛮髻等。　　　　　　　　　　　　　　　　　　（　　　）

8.唐代时以金丝或金线来装饰服装。服装上的图案根据身份地位的不同而不同，地位越高的选择金色越多，金色作为中国的帝王色，象征了地位及权力。以胖为美，服饰一般宽衣大袖，用以遮盖身体的不足。（　　）

9.民国时期的发型根据女子身份不同基本分为包包发、欧式宫廷卷发、手推波。（　　）

10.民国初年受清朝和西方文化的双重影响，男子服装出现了从长袍马褂向中山装和西装逐步过渡的趋向，女子服装变得日益丰富多彩，主要为学生装和旗袍两种。（　　）

11.民国造型饰品只有素色的扇子。（　　）

12.港风服装版型偏大，色彩比较单一，大多以深色调为主。港风的服饰有很多经典元素在里面，比如条纹、波点、印花等。港风最显著的特征就是帅气，率性有创意，酷且随意，深受年轻人喜爱，穿的时候可以随意地进行搭配。大边框的眼镜、复古风的邮差包、夸张又自带风情的耳环、中筒袜、发带等，都可以将复古港风的氛围拉满。（　　）

13.饱满的红唇是港风妆容的精髓所在。用唇线笔勾勒唇形，做到棱角分明，使用饱和度高的烈焰荧光口红。（　　）

14.隔离的选择：紫色适合暗黄肌肤，绿色适合泛红的痘痘肌，肤色适合较好的原生肌。（　　）

15.画眼影时，眼影刷每次都是从睫毛根部开始向外做渐变，这样眼影颜色更容易晕染均匀。（　　）

四、简答题

1.民国造型的发型特点及操作方法。

2.概述民国造型的服饰特点。

五、画图题

在下图中画出 20 世纪 90 年代港风造型的妆发。

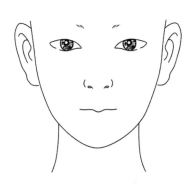

项目四
舞台角色造型

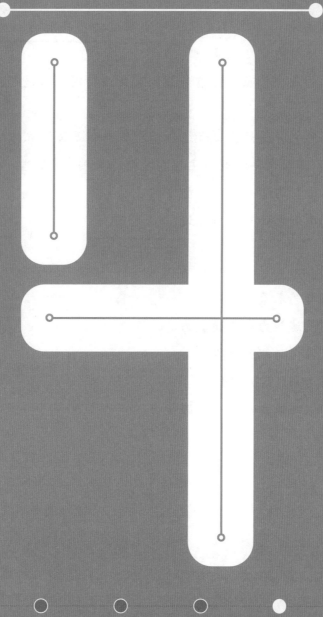

知识目标 ◀

1. 了解舞台化妆的特点。

2. 能掌握老年造型、主持人造型、舞蹈演员造型在妆面、发型、服饰等方面的基本要素，了解其形象设计的意义。

3. 能够识别和避免舞台化妆造型常见误区。

4. 掌握舞台化妆造型的定位，为今后的工作奠定坚实的基础。

能力目标 ◀

1. 掌握化妆工具摆台和消毒工作流程，对使用过的用品能进行分类、分色、分新旧登记，能正确选择角色所使用的妆发、服饰。

2. 能根据角色自身的五官特点和气质条件以及行业特定要求进行妆发修饰，掌握妆发应用技巧。

3. 能将基础色、阴影色、高光色三者结合，塑造脸部五官的立体结构感。

4. 根据 TPO 原则，掌握老年造型、主持人造型、舞蹈演员造型的妆发技巧。

5. 能够独立与顾客进行沟通并设计造型方案。

6. 能根据色彩搭配原则设计舞台角色造型。

素质目标 ◀

1. 具备一定的审美与艺术素养。

2. 具备一定的语言表达能力和沟通能力。

3. 具备良好的卫生习惯与职业道德精神。

4. 具备敏锐的观察力与快速应变能力。

5. 具备较强的创新思维能力与动手实践能力。

任务一 老年造型

任务描述： 能够在 90 分钟内完成老年妆整体造型。

用具准备： 底妆工具、定妆工具、化妆刷、眉笔（黑色、棕色），深棕、大红、棕红、白色眼影粉，白色油彩、尖尾梳、发胶、黑色皮筋、唇刷、口红盘、鸭嘴夹。

实训场地： 化妆实训室（20 套桌椅镜台、多媒体大屏、空调）。

技能要求： 1. 能够熟练地画出老年人的面部结构特征和皱纹形态。

2. 熟练表现头发的花白效果。

知·识·准·备·一 >> 老年造型的妆面特点

老年造型需要着重强调面部的苍老感，这是老年妆的主要特点。选择的粉底，要让面部的肤色暗淡、粗糙、不细腻。阴影打在太阳穴、眼窝、颧骨下、人中、下颌等下沉部位，使阴影颜色与皱纹的颜色协调统一，突出脸部轮廓感。皱纹明显，皮肤肌肉下垂，眼睛下陷，牙齿松脱及牙肉收缩而引起双唇下陷，皮肤色泽变得苍白而不均匀，头发、睫毛、眉毛花白，做出憔悴及瘦削的效果。

>> 一、底妆表现特点

上了年纪以后肤色变得暗沉无光泽，可使用比自身肤色略深的粉底作为底色。

底妆表现特点如图 4-1-1 所示。

图 4-1-1 底妆表现特点

二、皱纹表现特点

将面部皱纹按照深浅不同分为三类：

第一类，鼻窝纹（鼻唇纹）、眉间纹、疲劳纹（眼袋），如图4-1-2（a）所示。

第二类，抬头纹、眼窝纹、嘴角纹、燕形纹，如图4-1-2（b）所示。

第三类，眼角纹、鼻梁纹、鼻根纹、嘴唇纹、面颊纹，如图4-1-2（c）所示。

第一类皱纹最深，第二类次深，第三类最细小，在描画时线条色彩应过渡柔和，描画要有虚实、层次变化。

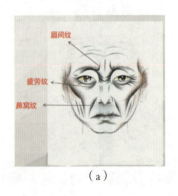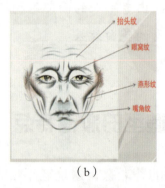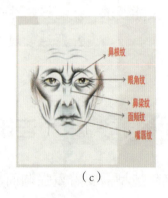

（a）   （b）   （c）

图4-1-2 面部皱纹

三、眼部表现特点

老年人最明显的特点是眼部下垂，化妆时要将内眼角画得稍高于本来结构，外眼角向下拉长。

眼部表现特点如图4-1-3所示。

图4-1-3 眼部表现特点

四、眉毛表现特点

老年女子妆容的眉毛要比较稀疏且颜色要稍淡一些，必要时可在眉峰至眉梢部分画上一些白色。老年男子妆容中，整个眉形要散一些，用色淡，眉梢往下梳，必要时把眉毛染成花白或白色。

女子眉毛表现特点如图4-1-4所示，男子眉毛表现特点如图4-1-5所示。

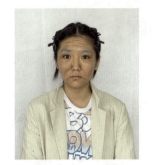 

图 4-1-4　女子眉毛表现特点　　　　图 4-1-5　男子眉毛表现特点

五、唇部表现特点

多用裸色，做出暗淡无光泽的效果。

唇部表现特点如图 4-1-6 所示。

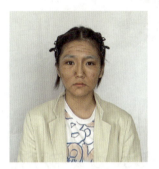

图 4-1-6　唇部表现特点

知·识·准·备·二 >> 老年造型的发型特点

随着年龄的增加头发会越来越稀疏，老年后的头发逐渐花白，生长速度也变缓慢，出现秃顶等现象。老年人造型的发型通过加白、打毛的方式来体现老年人的年龄感，可以用白色油彩将头发、眉毛、睫毛染白或者染花白。

老年女子发型特点如图 4-1-7 所示，老年男子发型特点如图 4-1-8 所示。

图 4-1-7　老年女子发型特点　　　　图 4-1-8　老年男子发型特点

知·识·准·备·三 >> **老年造型的服装搭配**

　　服装样式要简单，不要过于装饰。服装选择较深的颜色，如蓝、黑、灰、褐色，利用技巧做脏、做旧。服装与妆面发型协调统一。

　　女士服装如图 4-1-9 所示，男士服装如图 4-1-10 所示。

图 4-1-9　女士服装　　　　　　图 4-1-10　男士服装

实·践·操·作 >> 老年造型

老年女性妆

>> 一、老年造型的妆面设计技巧、步骤与方法

（一）老年女性妆面

第一步　**底妆**（见图 4-1-11）。选用比肤色暗 2 个度的棕色粉底进行底妆修饰。	**第二步**　**画皱纹**（见图 4-1-12）。用眉笔勾勒面部的皱纹走向及结构，用暗影粉将描画的皱纹及面部的阴影结构进行晕染加深。

图 4-1-11　底妆	图 4-1-12　画皱纹

操作技巧：画皱纹要有层次，有重心，真实的皱纹有粗细、深浅和长短之分。

第三步 眼睛（见图 4-1-13）。将白色加浅棕色眼影粉涂在内眼窝处，眼尾处选用深棕色做下垂处理。

图 4-1-13 眼睛

第四步 眉毛（见图 4-1-14）。老年女子妆的眉毛颜色要稍淡一些，必要时可在眉峰至眉梢部位使用白色油彩或白色粉底进行修饰。

图 4-1-14 眉毛

操作技巧：老年妆中，整个眉形要疏散一些，用色淡，眉梢往下梳，必要时把眉毛染成花白或白色，眼睛不必过于修饰，体现沧桑感和年代感，眼睛整体有下垂的感觉即可。

第五步 鼻子（见 4-1-15）。选用阴影色画出鼻影，不可过于明显，晕染要过渡自然。

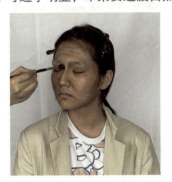

图 4-1-15 鼻子

第六步 唇部（见 4-1-16）。老年妆的口红应用红棕色，口形要化得松散，不宜饱满。

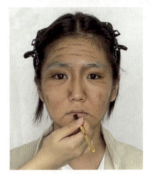

图 4-1-16 唇部

操作技巧：用暗影画出下垂的嘴角。

第七步 脸部修饰（见图 4-1-17）。用暗色或棕色眉笔在脸颊处画不规则的老年斑。

图 4-1-17 脸部修饰

第八步 妆面完成（见图 4-1-18）。用散粉轻定妆。

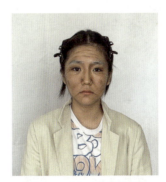

图 4-1-18 妆面完成

操作技巧：老年斑勾画时注意斑点大小及数量，不宜过多。脸部整体修饰时可以用圆刷涂深色眼影粉表现皮肤松弛感和皱纹过渡，使整体更加和谐自然。

（二）老年男性妆面

老年男性妆

第一步 底妆（见图4-1-19）。清理胡茬后，选用比肤色暗2个度的棕色粉底进行底妆修饰。

图4-1-19　底妆

第二步 画皱纹（图4-1-20）。眉笔勾勒面部的皱纹走向及结构，用暗影粉将描画的皱纹及面部的阴影结构进行晕染加深。

图4-1-20　画皱纹

操作技巧：画皱纹要有层次，有重心，真实的皱纹有粗细、深浅和长短之分。

第三步 眼睛（见图4-1-21）。将白色加浅棕色眼影粉涂在内眼窝处，眼尾处选用深棕色做下垂处理。

图4-1-21　眼睛

第四步 眉毛（见图4-1-22）。老年男子妆的眉毛颜色要稍淡一些，必要时可在眉峰至眉梢部分使用白色油彩或白色粉底进行修饰。

图4-1-22　眉毛

操作技巧：老年妆中，整个眉形要疏散一些，用色淡，眉梢往下梳，必要时把眉毛染成花白或白色，眼睛不必过于修饰，体现沧桑感和年代感，眼睛整体有下垂的感觉即可。

第五步 鼻子（见4-1-23）。选用阴影色画出鼻影，不可过于明显，晕染过渡自然。

图4-1-23　鼻子

第六步 唇部（见图4-1-24）。老年妆的口红应用红棕色，口形要化得松散，不宜饱满。

图4-1-24　唇部

操作技巧：用暗影画出下垂的嘴角。

第七步 **脸部修饰**（见图 4-1-25）。用暗色或棕色眉笔在脸颊处画不规则的老年斑。

图 4-1-25　脸部修饰

第八步 **妆面完成**（见图 4-1-26）。用散粉轻定妆。

图 4-1-26　妆面完成

操作技巧：老年斑勾画时注意斑点大小及数量，不宜过多。脸部整体修饰时可以用圆刷涂深色眼影粉表现皮肤松弛感和过渡皱纹，使整体更加和谐自然。

二、老年造型的发型设计技巧、步骤与方法

（一）老年女性发型

第一步 **发色修饰**（见图 4-1-27）。染白鬓角及头发，整体老年感会更加贴近生动。

图 4-1-27　发色修饰

第二步 **饰品佩戴**（见图 4-1-28）。利用假发套、围巾、毛巾、帽子等老年装饰品。

图 4-1-28　饰品佩戴

操作技巧：老年人的白发是从发根长起的，不能只把白色油彩染在发尾，要染整根头发。

第三步 **整体造型完成**（见图 4-1-29）。妆面、发型稍加修饰即可。

图 4-1-29　整体造型完成

操作技巧：老年女性头发不需要过于整齐，有稍许凌乱感即可。

（二）老年男性发型

第一步 **发色修饰**（见图 4-1-30）。染白鬓角、头发及胡须，整体老年感会更加贴近生动。

图 4-1-30   发色修饰

第二步 **饰品佩戴**（见图 4-1-31）。利用假发套、围巾、毛巾、帽子等老年装饰品。

图 4-1-31   饰品佩戴

操作技巧：老年人的白发是从发根长起的，不能只把白色油彩染在发尾，要染整根头发。

第三步 **整体造型完成**（见图 4-1-32）。妆面、发型、胡须稍加修饰即可。

图 4-1-32   整体造型完成

操作技巧：男士粘胡须时把毛线坯子梳齐后，分成若干份。先在下颌处涂上松香胶水，从后向前一层层地垂直向下颌处粘贴，粘时用剪刀剪出斜面，粘贴后用湿布轻压后再梳理。

任·务·评·价 〉〉

评价标准		得分			
		分值	学生自评	学生互评	教师评定
准备工作	准备物品齐全	10			
	准备物品干净整齐	5			
	操作者仪容仪表（头发整齐、穿实训服，佩戴工牌）	5			

评价标准		得分			
		分值	学生自评	学生互评	教师评定
时间限制	在规定时间内完成任务	10			
礼仪素养	在操作中与顾客交流顺畅，动作规范轻柔，化妆台物品整洁	10			
技能操作	皱纹符合面部结构形态特点	15			
	皱纹描画过渡自然，无明显分界线	15			
	底妆、眼睛、睫毛、眉毛、唇部符合造型特点	20			
	妆面与发型相协调	10			
合计					

综·合·运·用 >>

　　化妆师美美接到了舞台造型中老年妆的设计工作，她应从哪几方面进行设计？在设计时应注意些什么？

任务二　主持人造型

　　任务描述: 能够在 90 分钟内完成主持人造型。

　　用具准备: 底妆工具、定妆工具、化妆刷、眉笔、眼影粉、口红盘、尖尾梳、发胶、黑色皮筋、唇刷、鸭嘴夹。

　　实训场地: 化妆实训室（20 套桌椅镜台、多媒体大屏、空调）。

　　技能要求: 1. 能够熟练地画出主持人的妆容。

　　　　　　　　2. 熟练设计主持人发型。

主持人是电视节目和观众之间必不可少的桥梁，主持人的形象应该与节目的内容、风格、录制场合等因素相协调。主持人的形象就是电视节目的标志，会直接引起电视观众对节目的认同感或排斥感，因此，对电视节目主持人的包装越来越被人们所重视。对主持人的包装是一门形象塑造的综合艺术，它包括外在形象、内在素养、风格魅力等各方面的塑造，而外在形象又是最直接、最容易被观众所评价的。

电视节目类型大致可分为新闻类、综艺类、谈话类、服务类等，不同类型的节目主持人，外在形象的塑造也是有所区别的，本任务学习新闻类节目主持人的造型。

新闻类节目主持人首先要具备较强的政治修养，既代表着媒体的形象，也体现了政府的形象。其屏幕形象应以端庄大方、自然清新、平和舒展为基础。因此，新闻节目主持人在化妆上宜淡不宜浓，底妆和轮廓打造最为重要，妆色要自然，妆面也不能太多修饰，以简洁大方为主。

知·识·准·备·一 ▶▶ 主持人造型的妆面特点

》 一、底妆表现特点

女性：底妆中，皮肤的质感非常重要，因此粉底要涂抹均匀，根据演播室的灯光来选择粉底颜色。如果演播厅的灯光是暖光源，粉底选择略微发红偏暖色的粉底；如果演播厅的灯光是冷光源，则选择白一些的粉底。由于新闻主持人往往都是正面上镜，一般选择遮盖力较强的最接近本身肤色的膏霜状粉底，用遮瑕膏进行面部遮瑕，对痘印、黑眼圈等进行修饰，并同时提亮 T 字部位和 U 形区（见图 4-2-1）。

男性：根据演播厅的冷暖光选择粉底颜色，粉底颜色不可过白。为突显出男性五官的立体俊朗，将鼻部、脸颊下颌线，颧骨部位进行侧影处理，并同时提亮 T 字部位和 U 形区（见图 4-2-2）。

图 4-2-1 女性底妆表现特点   图 4-2-2 男性底妆表现特点

》　二、眼部表现特点

女性：用隐藏自然式眼线。眼影以棕色调为主，或使用灰度较高的暖色。往往采用渐层法画眼影，即靠近眼线处颜色最深，向上逐渐变淡的画法。眼影的重点可放在眼尾或双眼皮皱褶处，注意避免使用带荧光的眼影。还可通过粘贴自然交叉形的假睫毛使眼睛看上去更有神（见图4-2-3）。

男性：选择棕色眼影粉在睫毛根部轻描即可，不可过度修饰，让眼部看起来有神即可（见图4-2-4）。

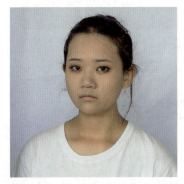 

图 4-2-3　女性眼部表现特点　　　　图 4-2-4　男性眼部表现特点

》　三、眉毛表现特点

女性：眉毛周围多余的杂毛要清除干净。眉毛不可太细太挑，要给人以庄重、可信的职业感，因此眉峰略带棱角；眉毛不宜修饰痕迹过重，眉色以棕色系为主，眉毛要画得自然，边缘不可过于清晰；眉毛大多选择标准眉（见图4-2-5）。

男性：眉毛周围多余的杂毛要清除干净。根据眉形选择最接近眉色的眉粉或眉笔填充眉毛即可（见图4-2-6）。

图 4-2-5　女性眉毛表现特点　　　　图 4-2-6　男性眉毛表现特点

》　四、唇部表现特点

女性：用唇线笔调整唇型，唇部色彩应与腮红、服装相协调，忌过于鲜艳、发亮光或荧光色，可采用双色涂抹方法，使嘴唇更具立体感（见图4-2-7）。

男性：选用无色唇膏或裸色口红均匀涂抹，适当修饰即可（见图4-2-8）。

图4-2-7　女性唇部表现特点　　　　图4-2-8　男性唇部表现特点

知·识·准·备·二　主持人造型的发型特点

女性：发型以干练的自然短发为主，并适当进行烫发处理；或者将头发编盘起，露出耳朵，这样会显得较为成熟，增加其可信度。头发要蓬松有光泽，没有经过烫发处理的头发容易紧贴头皮，可以在内部将其倒梳，使发型轮廓变大，这样上镜后会显得脸形较小（见图4-2-9）。

男性：发型要干净利落，露出额头，一般向上向后吹得一丝不苟（见图4-2-10）。

图4-2-9　女主持人发型特点　　　　图4-2-10　男主持人发型特点

知·识·准·备·三　主持人造型的服饰搭配

新闻类节目主持人必须穿正规的职业套装。服装不宜选用纯度和明度高的颜色，应该选择纯度和明度低一些的颜色，避免纯黑色、纯白色。套装内可搭配衬衣、吊带或抹胸，其领口不得低于腋下。女主持人一般不戴首饰，但可搭配胸针。当然，中央台和地方台在规定上会有些区别，有时新闻类节目女主持人也可以佩戴较为细巧的项链等饰品（见图4-2-11）。

图4-2-11　主持人造型的服饰搭配

实·践·操·作 >> **主持人造型**

主持人造型

>> 一、主持人造型的妆面技巧、步骤与方法

（一）女主持人妆面

第一步 **底妆**（见图4-2-12）。首先用遮瑕膏修饰皮肤瑕疵部分，然后选择接近于肤色的粉底进行底妆修饰，最后选用与粉底同一色系或无色透明的散粉进行定妆。

图4-2-12　底妆

第二步 **脸部修饰**（见图4-2-13）。高光色用在需要鼓突和修饰的部位，如鼻梁、下眼睑、前额，同时用阴影色对脸形进行修饰。

图4-2-13　脸部修饰

操作技巧：打底时要注意粉底应薄、贴、均匀，要强调皮肤质感，能表现立体感，可结合主持人现场环境的特点进行表现。

第三步 眼睛（见图4-2-14）。用灰棕色清淡地描画眼线，眼影色选用深棕色、棕色与浅棕色进行渐层晕染，晕染自然即可。

图 4-2-14　眼睛

第四步 眉毛（见图4-2-15）。根据原有眉形修饰成稍有弯度、粗细适中的眉毛。为表现出柔中显刚、稍有力度的形状，可选用眉笔或眉粉稍加修饰以弥补其不足。

图 4-2-15　眉毛

操作技巧：

1. 眉毛颜色不宜过浓，且眉毛的弧度不能过大，否则会失去自然亲切的效果。

2. 睫毛处不要做过多处理，可根据主持人的自身条件选择是否修饰，也可使用仿真型假睫毛，但不宜过长、过于浓密。

第五步 唇部（见图4-2-16）。使用唇线笔调整唇形，唇形应自然；色彩与要腮红、服装相协调，忌过于鲜艳。

图 4-2-16　唇部

第六步 妆面完成（见图4-2-17）。在脖颈及裸露部位选用比底色略深1度的粉底进行涂抹后，再进行定妆，可使面部与颈部的妆色和谐一致。

图 4-2-17　妆面完成

操作技巧：在涂抹腮红时要外轮廓略深、内轮廓渐淡，以强调凹凸结构，塑造脸部立体效果。

（二）男主持人妆面

第一步 **底妆**（见图 4-2-18）。清理胡茬后，使用遮瑕膏修饰皮肤瑕疵部位，然后选择接近于肤色的粉底进行底妆修饰，最后选用与粉底同一色系或无色透明的散粉进行定妆。

图 4-2-18　底妆

第二步 **脸部修饰**（见图 4-2-19）。使用修容粉在鼻部、脸颊下颌线、颧骨部位进行侧影处理，在 T 字部位和 U 形区提亮，以突出轮廓，体现五官的立体感。

图 4-2-19　脸部修饰

操作技巧：
1. 尽量避开胡茬，不要过度打底，使用化妆棉轻轻带过即可。
2. 打底时要注意粉底应薄、贴、均匀，要强调皮肤质感，能表现立体感，可结合主持人现场环境的特点进行表现。

第三步 **眼睛**（见图 4-2-20）。用棕色眼影在睫毛根部进行内眼线的描画，消除眼部肿胀感。

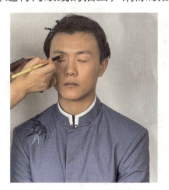

图 4-2-20　眼睛

第四步 **眉毛**（见图 4-2-21）。在原有眉毛的空隙处先用眉粉填充，再用眉笔勾画眉毛轮廓。

图 4-2-21　眉毛

操作技巧：
1. 画隐藏式眼线，不可过宽过长。
2. 眉毛颜色不宜过浓，且眉毛的弧度不能过大，否则会失去自然亲切的效果。

第五步　唇部（见图4-2-22）。口红刷蘸取裸色口红或者无色唇膏均匀涂抹唇部。

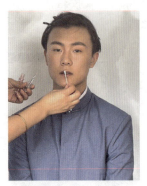

图 4-2-22　唇部

第六步　妆面完成（见图4-2-23）。在脖颈及裸露部位，选用比底色略深1度的粉底进行涂抹后，再进行定妆，可使面部与颈部的妆色和谐一致。

图 4-2-23　妆面完成

操作技巧：唇部角质在涂抹口红前需要清理干净。

二、主持人造型的发型设计技巧、步骤与方法

（一）女主持人发型

第一步　头发分区（见图4-2-24）。头发共分为三区，根据脸形将前额两区三七分，后发区为第三区。

图 4-2-24　头发分区

第二步　倒梳（见图4-2-25）。使用尖尾梳将烫过玉米须区域的头发进行倒梳，以增强头发的蓬松感，倒梳后将头发表面梳理平整。

图 4-2-25　倒梳

操作技巧：

1.尽量是椭圆形发际线，椭圆形发际线既能调整主持人的头面部缺陷，又会使人显得端庄、稳重，符合整体形象的要求。

2.倒梳需注意方向，由发梢向发根进行倒梳，倒梳应始终保持垂直角度，应拉直倒梳发片，不能放松。

第三步 **扎束**（见图 4-2-26）。使用尖尾梳将头发进行扎束。

图 4-2-26　扎束

第四步 **盘发**（见图 4-2-27）。将头发固定后用一字卡、U 形卡盘发。

图 4-2-27　盘发

操作技巧：扎束时一定要将头发扎正。

第五步 **发型整理**（见图 4-2-28）。使用发蜡整理碎发，并整体调整，最后喷胶定型。

图 4-2-28　发型整理

第六步 **发型完成**（见图 4-2-29）。

图 4-2-29 发型完成

操作技巧：使用发胶定型时，一定要等造型做好后再使用，喷完发胶后不能再用梳子梳理。

（二）男主持人发型

第一步 **吹发**（见图 4-2-30）。全头吹发，后区由下向上一层一层吹蓬松。前区由后往前一层一层吹至蓬松，发根应较为直立。

图 4-2-31　吹发

第二步 **头发分区**（见图 4-2-31）。耳尖向上分前后两区。

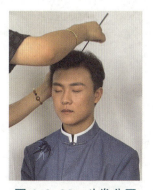

图 4-2-32　头发分区

操作技巧：操作前发根喷海盐水，去除头发的油腻感，让头发看起来更蓬松，更具质感。

吹发时，配合排骨梳一起操作。

第三步 **耳两侧头发固定**（见图4-2-32）。耳两侧的头发用尖尾梳和发胶使其服帖。

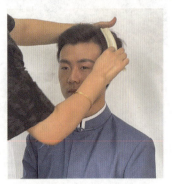

图4-2-32　耳两侧头发固定

第四步 **发型整理**（图4-2-33）。整体调整发型纹路，喷胶定型。

图4-2-33　发型整理

操作技巧：根据脸形理顺头发纹路。喷发胶时距离头发7~10 cm，不要太近，否则影响定型效果。

第五步 **发型完成**（见图4-2-34）。

图4-2-34　发型完成

任·务·评·价 ≫

评价标准		得分			
		分值	学生自评	学生互评	教师评定
准备工作	准备物品齐全	10			
	准备物品干净整齐	5			
	操作者仪容仪表（头发整齐，穿实训服，佩戴工牌）	5			

评价标准		得分			
		分值	学生自评	学生互评	教师评定
时间限制	在规定时间内完成任务	10			
礼仪素养	在操作中与顾客交流顺畅，动作规范轻柔，化妆台物品整洁	10			
技能操作	底妆与肤色自然干净，颈部与面部色彩一致	15			
	眼部描画过渡自然，无明显分界线	15			
	底妆、眼睛、睫毛、眉毛、唇部符合主持人妆面特点	20			
	妆面与发型相协调	10			
合计					

综·合·运·用

化妆师小艾接到了主持人造型的设计工作，得知主持人长期熬夜工作，皮肤状态不佳、眼睛浮肿时，作为化妆师的他，应考虑从哪几方面与主持人进行沟通？在设计时应注意些什么？

任务三　舞蹈演员造型

任务描述: 能够在90分钟内完成舞蹈演员造型。

用具准备: 底妆工具、定妆工具、化妆刷、眉笔、眼线、睫毛膏、假睫毛、睫毛胶、眼影粉、口红盘、尖尾梳、发胶、黑色皮筋、唇刷、鸭嘴夹、配饰。

实训场地: 化妆实训室（20套桌椅镜台、多媒体大屏、空调）。

技能要求: 1. 能够熟练地画出舞蹈演员的妆容。

2. 熟练设计舞蹈演员的发型。

舞蹈演员造型的妆面特点

舞蹈演员妆面表现的特点是浓厚、鲜艳、夸张、生动，通过对色彩的运用、明暗的对比，突出五官。舞蹈演员一般要塑造具有主题的形象，因此根据角色等因素，眼部、轮廓修饰尤为重要，应突显舞蹈演员造型的妩媚与华丽。

一、底妆表现特点

女性：选择比肤色亮 1 度的粉底膏进行底妆修饰，用遮瑕膏进行面部遮瑕，将痘印、黑眼圈等进行修饰。由于舞蹈演员动作幅度大，导致出汗现象严重，为此底妆可稍微厚重些，同时做好定妆工作（见图 4-3-1）。

男性：男性舞蹈演员需将胡茬整理干净后，选择接近肤色的粉底膏进行底妆修饰，用遮瑕膏进行面部瑕疵遮盖，并选择比肤色亮 1 度的散粉进行定妆（见图 4-3-2）。

图 4-3-1　女性底妆表现特点　　　　图 4-3-2　男性底妆表现特点

二、眼部表现特点

女性：眼影色选择与服装配饰相搭配的颜色，例如红色、粉红色、大地色、紫色、绿色系等；上眼线可适当拉宽加长，下眼线配合眼影做修饰；上睫毛根部粘贴较为夸张的假睫毛，下睫毛横扫式涂抹睫毛膏；内眼角用眼线液笔或黑色眉笔做开眼角的处理，放大眼睛，增加眼部立体感（见图 4-3-3）。

男性：眼影色选择与服装配饰相搭配的颜色，例如红色、粉红色、大地色、紫色、绿色系等；上眼线可适当拉宽加长，下眼线配合眼影做修饰；睫毛根部粘贴自然式假睫毛或涂抹睫毛膏；内眼角用眼线液笔或黑色眉笔做开眼角的处理，放大眼睛（见图 4-3-4）。

图 4-3-3　女性眼部表现特点　　图 4-3-4　男性眼部表现特点

三、眉毛表现特点

女性：根据本身眉形进行修饰，使用灰色或者深棕色眉笔进行描画，眉毛不宜过粗过细过弯；眉头与鼻侧影连接，颜色可适当加重，突出鼻部立体感（见图 4-3-5）。

男性：根据本身眉形进行修饰，填充其空隙处，再用黑色或灰色眉笔画出轮廓，眉毛不宜过长过细；与女性相同，眉头与鼻侧影相连接，颜色可适当加重，突出鼻部立体感（见图 4-3-6）。

图 4-3-5　女性眉毛表现特点　　图 4-3-6　男性眉毛表现特点

四、唇部表现特点

女性：用唇线笔调整唇形，口红色彩应与眼影、服装相协调，可使用亮丽的大红色、荧光色或荧光口红，可采用双色重叠涂抹方法，使嘴唇更具立体感（见图 4-3-7）。

男性：用唇刷蘸取淡粉色或豆沙红色口红均匀地涂抹在唇部（见图 4-3-8）。

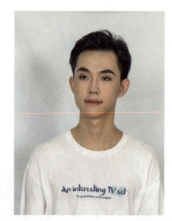

图 4-3-7　女性唇部表现特点　　　　图 4-3-8　男性唇部表现特点

五、修容表现特点

女性：用红色或橘色系腮红修饰，以表现面部红润、健康，在颧骨处和下颌处进行修容，在 T 区、人中、下颌处提亮，修饰可适当加重，可使演员在舞台上显得面部轮廓更加立体（见图 4-3-9）。

男性：用大地色系腮红修饰，在颧骨下陷及下颌骨处扫侧影；高光应重点突出鼻梁、眉弓、下眼睑三角区及下颌，以突显面部立体感（见图 4-3-10）。

图 4-3-9　女性修容表现特点　　　　图 4-3-10　男性修容表现特点

知·识·准·备·二　舞蹈演员造型的发型特点

女性：舞蹈演员由于表演时动作幅度较大、排汗较多，一般情况下女性发型多为盘发发髻，简单的盘发发髻也可以为舞蹈增添一份高贵与优雅（见图 4-3-11）。

男性：发型一般以短发为主，露出额头，发型整体体现干练硬朗的形象；与女舞蹈演员相同，由于表演时动作幅度较大、排汗较多，发型需定型持久（见图 4-3-12）。

图 4-3-11　女性舞蹈演员发型特点

图 4-3-12　男性舞蹈演员发型特点

知·识·准·备·三 >> 舞蹈演员造型的服装搭配

　　服装方面，色彩运用大胆，对比性强，造型突出夸张，做工较为繁杂，花样图案较多，服装上一般有亮片、亮珠、蕾丝、绣花、印花等多种工艺交织，常见的服装色彩有红、大绿、金黄等色系（见图 4-3-13）。

图 4-3-13　舞蹈演员的服装搭配

实·践·操·作 ▷▷ 舞蹈演员造型

女舞蹈演员造型

▷▷ 一、舞蹈演员造型的妆面设计技巧、步骤与方法

（一）女性舞蹈演员妆面

第一步 **底妆**（见图4-3-14）。底妆选择比肤色亮1度的粉底液为基础底色，用化妆海绵或化妆刷蘸取少量粉底由内向外、全脸均匀地按压；用比基础底色亮1度的粉底进行T区、C区的提亮。

图4-3-14　底妆

第二步 **定妆**（见图4-3-15）。干粉扑上均匀蘸取散粉，轻轻按压全脸，然后用大的散粉刷扫去多余的散粉。

图4-3-15　定妆

操作技巧：

1.化妆前可以选用收敛性的化妆水和含油量不大的乳液，以减缓脱妆速度。

2.隔离的选择：紫色适合暗黄肌肤，绿色适合泛红的肌肤。

3.定妆粉量以粉扑向下、粉不落地为宜，嘴周和眼周定妆时散粉要少且薄，太厚则会导致卡粉。

第三步 **眼影**（见图4-3-16）。用眼影刷蘸适量眼影粉（红色、粉红色、大地色、紫色、绿色系），从上眼睑外眼角向内眼角轻轻晕染，颜色应鲜艳且较为夸张。

图4-3-16　眼影

第四步 **眼部修饰**（见图4-3-17）。用眼线笔、眼线液笔填充眼线，眼线可适当拉长拉宽。从睫毛根处开始夹卷睫毛，采用"Z"字形走向刷睫毛膏定型，使用较夸张的假睫毛进行粘贴修饰。

图4-3-17　眼部修饰

操作技巧：在使用深色眼影时用按压的技法上妆，可避免因为掉粉导致眼妆过脏。夹卷睫毛应注意力度，避免顾客流泪。

第五步 **眉毛**（见图 4-3-18）。修剪眉毛后，用灰色、棕灰色眉笔画出眉形，然后用眉笔在眉头画出几根眉毛，应上虚下实，中间深两边浅。

图 4-3-18　眉毛

第六步 **唇部**（见图 4-3-19）。口红颜色可选用鲜艳的红色系。用唇线笔画出唇形后，均匀涂抹口红，使唇部丰满立体。

图 4-3-19　唇部

操作技巧：根据人物本身眉形适量修剪，不要刻意为了眉形而过度修剪眉毛，应虚实结合，不宜过粗，以增加眉毛真实感。

第七步 **脸部修饰**（见图 4-3-20）。腮红选用与眼影和服装相搭配的红色或橙色系，根据面部矫正的需求进行打圈上色。修容采用修容刷，修容刷少量多次蘸取深色修容粉，在外轮廓处应均匀而不露边缘线地打圈修容。用提亮刷蘸少量浅色修容粉刷在高光处提亮。

图 4-3-20　脸部修饰

第八步 **妆面完成**（见图 4-3-21）。

图 4-3-21　妆面完成

操作技巧：
1. 修容时以修饰面部轮廓为主，可适当加重阴影色，使面部更加立体。
2. 保持妆面干净，腮红可扫在鼻头和下颌处，能增加妆面协调性。

（二）男性舞蹈演员妆面

第一步 **底妆**（见图4-3-22）。胡茬清理干净后，用化妆刷或化妆棉蘸取接近肤色的粉底膏均匀地涂抹在脸部，然后用遮瑕膏进行面部瑕疵遮盖。

图4-3-22　底妆

第二步 **定妆**（图4-3-23）干粉扑上均匀蘸取比肤色亮1度的散粉，轻轻按压全脸，用大的散粉刷扫去多余的粉。

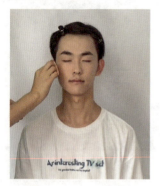

图4-3-23　定妆

操作技巧：

1. 化妆前可以选用收敛性的化妆水和含油量不大的乳液，以减缓脱妆速度。

2. 胡茬周围少量打底，打底过后嘴周会出现发青现象。

3. 定妆粉量以粉扑向下、粉不落地为宜，嘴周和眼周定妆时散粉要少且薄，太厚则会导致卡粉。

第三步 **眼部修饰**（见图4-3-24）。选用大地色眼影做渐层晕染。上眼线拉宽加长，下眼线配合下眼影做延长，从睫毛根处开始夹卷睫毛，采用"Z"字形走向刷睫毛膏定型，以放大眼睛。

图4-3-24　眼部修饰

第四步 **眉毛**（见图4-3-25）。根据本身眉形进行修饰，使用自然色眉粉填充眉毛空隙处，再用黑色或灰色眉笔画出轮廓，眉毛不宜过长过细。眉头与鼻侧影相连接，颜色可适当加重，以突出鼻部立体感。

图4-3-25　眉毛

操作技巧：

1. 根据人物本身眉形适量修剪，不要刻意为了眉形而过度修剪眉毛，应虚实结合，不宜过粗，以增加眉毛真实感。

2. 在使用深色眼影时用按压的技法上妆，以避免因为掉粉导致眼妆过脏。

3. 夹卷睫毛应注意力度，避免顾客流泪。

第五步 唇部（见图 4-3-26）。用口红刷蘸取豆沙红色口红，均匀涂抹唇部，使其饱满立体。

图 4-3-26　唇部

第六步 脸部修饰（见图 4-3-27）。用大地色系腮红修饰脸部，可使用修容刷在颧骨下陷及下颌骨处扫侧影。在鼻梁、眉弓、下眼睑三角区及下颌处进行提亮，突显面部立体感。

图 4-3-27　脸部修饰

操作技巧：
1. 口红涂抹前做好唇部护理，男性嘴唇较干，操作前应涂抹无色唇膏滋润唇部。
2. 修容以修饰面部轮廓为主，与脖颈的颜色一致。

第七步 妆面完成（见图 4-3-28）。

图 4-3-28　妆面完成

操作技巧：远距离观察妆面是否协调，可适当调整。

二、舞蹈演员造型的发型设计技巧、步骤与方法

女舞蹈演员发型

（一）女性舞蹈演员发型

第一步 头发分区（见图 4-3-29）。以前额中心点为顶点，向两侧分区，分区形状为倒三角形。

图 4-3-29　头发分区

第二步 扎束（见图 4-3-30）。将剩余头发全部扎束，喷胶梳理整齐。

图 4-3-30　扎束

操作技巧：
1. 头发分区的线要直、正。
2. 马尾要扎正，固定时小黑卡做好隐藏，尽量不外露。

第三步 盘发（见图 4-3-31）。采用"拧"的手法将扎束头发盘起，喷胶固定。

图 4-3-31　盘发

第四步 编发（见图 4-3-32）。将头发倒三角区域进行三股辫编发，发尾部用皮筋扎紧。

图 4-3-32　编发

操作技巧：
1. 盘发时，如果头发过短，可以利用发网进行盘发。
2. 进行三股辫操作时，注意编发力度与松紧，要配合模特脸形。

第五步 三股辫固定（见图4-3-33）。三股辫缠绕到盘发部位，用小黑卡固定。

图4-3-33　三股辫固定

第六步 发型完成（见图4-3-34）。

图4-3-34　发型完成

操作技巧：三股辫缠绕盘发时，要将辫子紧紧地靠近发髻，不要过松，否则影响固定。

（二）男舞蹈演员发型

第一步 头发分区（见图4-3-35）。根据脸形特点进行三七分区。

图4-3-35　头发分区

第二步 全头吹发（见图4-3-36）。用梳子贴着头皮配合吹风机将全部头发往后梳再往前推。

图4-2-36　全头吹发

操作技巧：
1. 操作前在发根喷海盐水，去除头发的油腻感，让头发看起来更蓬松，更具质感。
2. 吹发时，配合排骨梳一起操作。

第三步 整理发型（图4-3-37）。取少量发蜡于掌心搓均匀，将头发抓出形状。

图4-3-37　整理发型

第四步 发型完成（见图4-3-38）。

图4-3-38　发型完成

操作技巧：整理纹理时，应根据脸形进行调整。

任·务·评·价

	评价标准		得分		
		分值	学生自评	学生互评	教师评定
准备工作	准备物品齐全	10			
	准备物品干净整齐	5			
	操作者仪容仪表（头发整齐，穿实训服，佩戴工牌）	5			
时间限制	在规定时间内完成任务	10			
礼仪素养	在操作中与顾客交流顺畅，动作规范轻柔，化妆台物品整洁	10			
技能操作	底妆与肤色和谐，底妆干净，颈部与面部色彩一致	15			
	真假睫毛合二为一，眼线流畅	15			
	底妆、眼睛、假睫毛、眉毛、唇部符合舞蹈演员特点	20			
	妆面与发型相协调	10			
合计					

综·合·运·用

　　化妆师小艾接到了舞蹈演员造型设计工作，得知部分舞蹈演员长期熬夜工作，皮肤状态不佳，作为化妆师的他，应考虑从哪几方面与舞蹈演员进行沟通？在设计时应注意些什么？

单·元·回·顾

　　舞台表演中的造型设计工作尤为重要，化妆造型作为重要的表现手段之一，有塑造舞台角色和美化角色形象的重要作用。在舞台造型设计中，要根据人物的外在形象、角色形象、性格等造型要求，为演员进行整体造型设计，从而更为贴合角色的气质、形象，增强演员自信感。

单元练习

一、判断题

1.舞蹈演员造型时选择最接近人物本身肤色的粉底进行底妆修饰，面部瑕疵、痘印、黑眼圈稍加修饰，不需要过度追求完美无瑕的肤质，体现真实的皮肤状态即可。　　　（　　）

2.舞蹈演员眉毛的形状要有棱有角，但不宜修饰痕迹过重，否则影响自然和谐的效果。
（　　）

3.老年妆选择比人的本身肤色亮1度的粉底进行底妆修饰，用遮瑕膏进行面部遮瑕，将痘印、黑眼圈等进行修饰。　　　（　　）

4.舞蹈演员的眉毛根据人物本身眉形进行修饰，使用黑色或者浅棕色眉笔进行描画，眉毛不宜过粗，眉头与鼻侧影连接，颜色应过渡自然。　　　（　　）

5.舞蹈演员造型时用唇线笔调整唇形，色彩与眼影、服装相协调，可使用亮丽的大红色、荧光色或亮光口红，可采用双色重叠涂抹法，使嘴唇更具立体感。　　　（　　）

6.老年妆所选用的粉底应该比人的本身肤色深。　　　（　　）

7.老年妆在画皱纹时要有层次，有重心，真实的皱纹有粗细、深浅和长短之分。（　　）

8.老年妆的口红应选择鲜艳一点的颜色。　　　（　　）

9.老年妆的眼影末端应该微微上扬。　　　（　　）

10.老年妆的唇形，嘴角应该是微微下垂的。　　　（　　）

11.主持人妆在定妆时应该用珠光散粉定妆。　　　（　　）

12.主持人的发际线尽量是椭圆形。　　　（　　）

13.主持人的发色应该是黑色或者深棕色，不能过浅。　　　（　　）

14.主持人的口红颜色不能选择荧光色或亮光口红。　　　（　　）

15.主持人妆可以使用较为浓密、纤长的假睫毛。　　　（　　）

16.使用卷发棒时，需要根据发质的特点选择适合的卷发温度。发质粗硬的可以将温度调得高一些，发质细软的要调低一些。纤细容易被卷曲的发质适合160℃，一般或经过烫染的受伤发质适合200℃，粗厚或天然的卷曲发质适合220℃。　　　（　　）

17.男主持人的发型要干净利落，露出额头。　　　（　　）

18.主持人需要根据演播室的灯光来选择粉底颜色。如果演播厅的灯光是暖光源，粉底选择略微发红偏暖色的粉底，如果演播厅的灯光是冷光源，则选择白一些的粉底。　　　（　　）

19.男主持人做眼部修饰时，选择棕色眼影粉在睫毛根部轻描，可选择粘贴自然假睫毛放大眼睛。　　　　　　　　　　　　　　　　　　　　　　　　　　　（　　　）

20.男主持人为突显出男性五官的立体俊朗，将鼻部、脸颊下颌线、颧骨部位进行提亮处理，在T字部位和U形区进行侧影处理。　　　　　　　　　　　　　　（　　　）

21.舞台中舞蹈演员妆面表现的特点是浓厚、鲜艳、夸张、生动，通过对色彩的运用、明暗效果的对比，突出五官。舞蹈演员一般要塑造具有主题的形象，根据角色等因素，眼部、轮廓修饰尤为重要，突显舞蹈演员造型的妩媚与华丽。　　　　　　　　（　　　）

22.舞蹈演员的眉毛根据本身眉形适量修剪，不要刻意为了眉形而过度修剪眉毛，应虚实结合，不宜过粗，以增加眉毛真实感。　　　　　　　　　　　　　　　（　　　）

23.在使用深色眼影时用按压的技法上妆，避免因为掉粉导致眼妆过脏；夹卷睫毛注意力度，避免顾客流泪。　　　　　　　　　　　　　　　　　　　　　　　（　　　）

24.给男性上底妆时，为了遮盖胡茬发青的部位，应在胡茬周围多次进行打底，能够减弱发青现象。　　　　　　　　　　　　　　　　　　　　　　　　　　　（　　　）

25.舞蹈演员的服装，色彩运用大胆，对比性强，造型突出、夸张，做工较为繁杂，花样图案较多，服装上一般有亮片、亮珠、蕾丝、绣花、印花等多种工艺交织，常见的有红、大绿、金黄等色系。　　　　　　　　　　　　　　　　　　　　　　　（　　　）

二、选择题

1.主持人化妆的眼影应该选择（　　　）眼影。

　　A.珠光　　　　B.哑光　　　　C.彩色　　　　D.深色

2.主持人妆的底妆应该要选择（　　　）的底妆。

　　A.贴合人的肤色　　　　　　B.偏白色

　　C.比人的肤色深　　　　　　D.偏黄色

3.蜜粉在化妆过程中，主要作用是（　　　）。

　　A.改善肤色　　B.遮盖　　　C.定妆　　　　D.增白

4.（　　　）是可以改善和强调眼部凹凸结构的化妆品。

　　A.眼线笔　　B.眼影粉　　　C.睫毛膏　　　D.乳剂型眼线液

5.使用卷发棒时，需要根据发质的特点选择适合的卷发温度。发质粗硬的可以将温度调（　　　）一些，发质细软的要调（　　　）一些。

　　A.高；低　　　B.低；高　　　C.高；高　　　D.低；低

7.使用卷发棒时，纤细容易被卷曲的发质适合（　　　）℃，一般及经过烫染的受伤发质适合（　　　）℃，粗厚或天然的卷曲发质适合（　　　）℃。

　　A．160；180；200　　　　　　　B．160；200；220

　　C．120；160；180　　　　　　　D．180；200；200

8.为了去除头发的油腻感，让头发看起来更蓬松，更具质感，操作前在发根处可以喷（　　　）。

　　A．发胶　　　　B．海盐水　　　C．啫喱水　　　D．发蜡

三、填空题

1.在涂睫毛膏后，要保持睫毛一根根呈（　　　）状态。

2.描画眉毛时，第一笔应从（　　　）入手。

3.主持人妆的标准眉形的转折处应在（　　　）处。

4.老年的眉毛形状要比本人的眉毛颜色（　　　）。

5.在画老年妆时要体现妆容给人（　　　）的感觉。

6.在面部最容易表现人老的感觉是（　　　）。

7.使用卷发棒时，纤细容易被卷曲的发质适合（　　　）℃，一般及经过烫染的受伤发质适合（　　　）℃，粗厚或天然的卷曲发质适合（　　　）℃。

8.使用卷发棒时，需要根据发质的特点选择适合的卷发温度。发质粗硬的可以将温度调（　　　）一些，发质细软的要调（　　　）一些。

四、画图题

1.请在下图中画出一类、二类、三类皱纹。

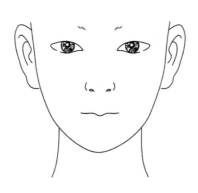

2.请利用合适工具在下图中画出女性舞蹈演员整体造型（包括妆面及发型）。

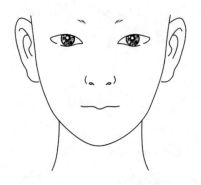

项目五

彩绘造型

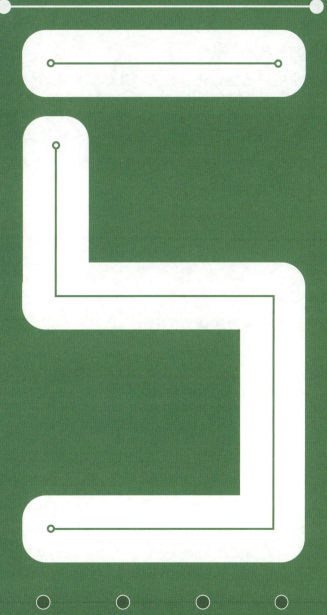

知识目标 ◀

1. 了解彩绘造型的基本知识及彩绘工具。

2. 能掌握动物彩绘造型、创意彩绘造型在妆面、发型、服饰等方面的基本要素，了解其形象设计的意义。

3. 了解面部彩绘化妆的基本技法。

4. 掌握彩绘造型的定位、相关知识与化妆技能的灵活运用，为今后的工作奠定坚实的基础。

能力目标 ◀

1. 掌握化妆工具摆台和消毒工作流程，对使用过的用品能进行分类、分色、分新旧登记，能正确选择角色所使用的妆发、服饰。

2. 掌握面部彩绘造型中不同造型的化妆技法，能根据角色的特点以及行业特定要求进行妆发修饰。

3. 能将基础色、阴影色、高光色三者结合，塑造脸部五官的立体结构感。

4. 根据 TPO 原则，掌握动物彩绘造型、创意彩绘造型的妆发技巧。

5. 能够独立与顾客进行沟通并设计造型方案。

6. 能够根据色彩搭配原则设计彩绘造型。

素质目标 ◀

1. 具备一定的审美与艺术素养。

2. 具备一定的语言表达能力和沟通能力。

3. 具备良好的卫生习惯与职业道德精神。

4. 具备敏锐的观察力与快速应变能力。

5. 具备较强的创新思维能力与动手实践能力。

任务一　基础彩绘造型

任务描述：能够熟知并且掌握面部彩绘的化妆工具及基本技法。

用具准备：基础化妆工具、人体彩绘油彩、人体彩绘水溶性水彩、勾线笔、彩绘刷、眼影。

实训场地：化妆实训室（20套桌椅镜台、多媒体大屏、空调）。

技能要求：1.能够熟练地掌握面部彩绘的化妆工具及其作用。

2.熟练掌握面部彩绘的基本技法。

知·识·准·备·一　面部彩绘化妆工具

人体彩绘，又称文身彩绘，即在光滑的皮肤上，用植物颜料绘出一件美丽的华服，具有特殊的美感。一般来说，人体彩绘不会伤害皮肤，也不怕水洗，无疼痛感，色彩鲜艳、图案多变，过程也简单易行。而面部彩绘是美容师用颜料在人的面部绘画出各种各样的图案，跟一般画家画在画布上一样。

名称	图示	产品特点
人体彩绘油彩		一般做面部彩绘的油彩和京剧脸谱所用的油彩是一样的。京剧脸谱所用的油彩和水相互之间是不溶解的，所以不能用水稀释。油彩的特点是操作自由，延展性佳，颜色遮盖力较强，能较充分地表现出物体的真实感和丰富的色彩效果。
人体彩绘水溶性水彩		水彩，顾名思义，是指能够用水溶解或者稀释的颜料。特点是直接使用，无须调和油，用水即可稀释，质感细腻，色彩鲜艳，干得快且不易花妆。

勾线笔		勾线笔用于绘画创作，尤其是用于工笔绘画、漫画创作、水粉创作时。对作品的勾勒，要求线条较细。多用狼毫勾线笔，其笔头有大小长短之分。
彩绘刷		彩绘刷的刷毛一般分为动物毛与合成毛两种。天然动物毛有完整的毛鳞片，因此毛质柔软，吃粉程度饱和，能使色彩均匀服帖，且不刺激肌肤。合成毛即人造毛、人造纤维，比动物毛硬，适合质地厚实的膏状彩妆。其中，尼龙质地最硬，多用作睫毛刷、眉刷。一般彩绘刷多为扁头刷。
眼影		眼影用于对眼部周围的化妆，以色与影使眼部具有立体感。眼影有粉末状、棒状、膏状、眼影乳液状和铅笔状。在人体彩绘中，多用于与油彩颜色的过渡。
晕染海绵		晕染海绵的形状多种多样，例如水滴状、半圆状、黑桃状等，可根据绘画造型的需要选择合适的形状。晕染海绵需蘸取油彩后使用，一般适用于多种颜色之间的晕染过渡。
彩绘镂空模板		彩绘镂空模板是一种操作简单、易上手的工具，其形状各异，可根据彩绘造型的需要选择合适的模板。将镂空模板平放于皮肤上，使用彩绘刷蘸取油彩或眼影进行涂抹即可。

| 眼部饰品 |  | 　　眼部饰品多用于整体造型的点缀，起到画龙点睛的效果，种类繁多，例如，干花、珍珠、亮钻、绢丝蝴蝶等，可根据彩绘造型的需要进行选择，用睫毛胶水进行固定。 |

知·识·准·备·二 》》 面部彩绘化妆基本技法

》 一、晕染法

　　晕染法是指将不同颜色融为一体或者把颜色由深到浅一层层晕染，呈现立体的效果。一般采用较宽的彩绘刷或化妆海绵进行晕染。油彩表现力强，易晕染，但是不易干燥；水溶性水彩易干燥，不易花妆。两者不可混合使用。

》 二、线条法

　　线条在描画时有粗细、虚实之分，通过线条将形体的轮廓和结构描画出来，既可丰富层次又有一定的明暗关系，可增强画面的生动感与流动性。彩绘化妆中，线是塑造角色的重要因素，因为人的面部五官轮廓就是由许多线组成的，如眉线、眼线、唇线等。

　　通常将晕染法与线条法结合使用，两者相互衬托，以提升表现力与感染力。

知·识·准·备·三 》》 彩绘造型的绘制步骤

　　第一步：描绘设计。在纸上提前将效果图设计出来。

　　第二步：清洁准备工作。把需要彩绘的部位进行清洁、擦拭，然后可以在皮肤上涂抹一些护肤霜，减少颜料对皮肤的刺激。

　　第三步：打底。将面部或身体需要彩绘的部位做底妆处理，然后选用透明的散粉定妆。

　　第四步：构图。用白色勾线笔勾勒出所设计的图案，线条要干净、流畅、细腻，注意造型效果。

　　第五步：上色。运用彩绘刷上色，利用色彩的冷暖、明暗对比，表现出立体感。

　　第六步：勾轮廓线。一般用黑色眼线液笔勾勒图案边缘，使层次清晰，效果明显。

任·务·评·价 >>>

评价标准		得分			
		分值	学生自评	学生互评	教师评定
准备工作	准备物品齐全	10			
	准备物品干净整齐	5			
	操作者仪容仪表（头发整齐，穿实训服，佩戴工牌）	5			
时间限制	在规定时间内完成任务	10			
礼仪素养	在操作中与顾客交流顺畅，动作规范轻柔，化妆台物品整洁	10			
技能操作	色彩搭配符合色彩搭配的原则	15			
	线条描画流畅，色彩过渡自然，无明显分界线	15			
	底妆、眼睛、睫毛、眉毛、唇部符合彩绘造型特点	20			
	妆面与发型相协调	10			
合计					

综·合·运·用 >>>

化妆师美美接到了一个话剧演出的舞台彩绘造型化妆设计工作，她应从哪几方面与话剧演员进行沟通？在设计时应注意些什么？

任务二　动物彩绘造型

任务描述： 能够在 90 分钟内完成动物彩绘造型。

用具准备： 底妆工具、定妆工具、化妆刷、眉笔（黑色、棕色）、眼影粉、油彩、尖尾梳、发胶、黑色皮筋、唇刷、口红盘、鸭嘴夹。

实训场地： 化妆实训室（20 套桌椅镜台、多媒体大屏、空调）。

技能要求： 能够熟练地画出动物的面部线条。

知·识·准·备·一 >> 动物彩绘造型的特点

近年来，动物彩绘造型成了一种流行趋势，许多人喜欢通过化妆来模仿各种动物的特征和外貌。动物彩绘造型不仅可以为人们带来乐趣，还可以展示个人的创意和化妆技巧。动物彩绘造型较多地出现在儿童剧中，在歌舞剧及话剧中也经常可以看到，例如舞剧《猫》《狮子王》中的造型。动物可以帮助演员更快地进入角色，并让观众形象地理解剧中的人物关系和人物性格特点。通过对动物彩绘造型的学习，可以加深对动物特征的关注，获得一种全新的艺术创作体验；同时感受色彩在皮肤上涂抹、流淌的触感；在创作的过程中，萌发关爱动物、保护动物的情感；在表达感悟的过程中形成保护动物人人有责的认知。

动物彩绘造型要求化妆师必须具备敏锐的观察力和高度的概括能力，能准确地把握住这些动物的显著特征。动物彩绘造型也可以分为写实和写意两种。当要表现与人类头面部特征大相径庭的动物时，运用写实手法并不一定能达到理想的效果，此时往往会采用写意的手法来表现。

动物的种类有很多，比较容易表现的并且在舞台上体现最多的要数猫科动物。由于猫科动物的头颅结构和面部特征与人类有某些相似之处，其许多特点在人的面部较易表现，因此选择猫科动物作为学习动物彩绘造型的入门是非常有必要的。下面以豹子妆面彩绘为例作介绍。

▶ 一、底妆表现特点

豹子妆面彩绘的底色以白色油彩及黄棕色油彩为主，按照豹子的形态做好基础打底。

底妆表现特点如图 5-2-1 所示。

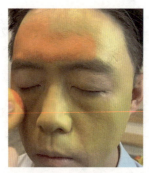

图 5-2-1　底妆表现特点

二、眼部表现特点

豹子妆面彩绘的眼影为棕色，豹子的眼睛并不大，呈杏仁状，眼尾略微上挑，眼线黑而粗，内眼角向鼻翼方向有明显的延伸。注意按豹子的眼睛特点化好后，内眼角与外眼角所形成的眼轴角度为 30° 左右。

眼部表现特点如图 5-2-2 所示。

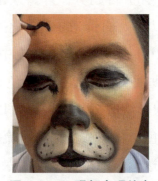

图 5-2-2　眼部表现特点

三、眉毛表现特点

豹子的眉毛与人的眉毛在形态上有较大的区别，可以先在眉弓处用浅亮色油彩提亮，以提高眉弓骨的高度，同时具有遮盖原有眉毛的作用；再用深棕色掺少量黑色油彩来描画眉毛，其形态应是整体上扬的，且不能过于浓密。

眉毛表现特点如图 5-2-3 所示。

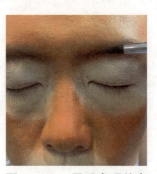

图 5-2-3　眉毛表现特点

▶▶ 四、唇部表现特点

大部分猫科动物的嘴巴都给人一种"三瓣嘴"的感觉，其人中部位较为细窄，并呈现出明显的黑褐色。上唇描画大面积的白色，下唇可先画白色延伸至下颌处，再在下唇紧贴上唇处描画黑褐色，并向下略微进行渐变。

唇部表现特点如图 5-2-4 所示。

图 5-2-4　唇部表现特点

▶▶ 五、斑纹及胡须表现特点

豹子的斑纹多而杂，但具有一定的规律性，通常来说脸部两侧是基本对称的。可以先用深棕色笔勾画出斑点的形状，再进行填色。注意每一块斑点上的颜色也是有浓淡深浅变化的，还要考虑到斑点的疏密和大小，一般来说眼睛周围的斑点小而密，向外有逐渐变大、变稀疏的趋势。毛和胡须往往放在最后表现，可以用平头稍硬的化妆刷蘸取白色油彩在眉毛、眼睛下方、脸颊边缘、下颌等需要的部位刷出毛茸的线条，也可用棕色和白色交替画出毛茸茸的感觉。

斑纹及胡须表现特点如图 5-2-5 所示。

图 5-2-5　斑纹及胡须表现特点

动物彩绘造型的发型特点

发型需要根据每种动物的特征去选择。完整的动物彩绘造型需要注意加入动物的耳朵，动物耳朵通常可以考虑用毛发、围巾、毛茸感的面料等物品进行加工制作。

动物彩绘造型的服装搭配

根据需要，动物彩绘造型的服装往往也是特别制作的，有时采用人体彩绘和面料的结合可以达到比较理想的效果，还要注意脖子与身体的衔接一定要自然。

动物彩绘造型

▶▶ 动物彩绘造型的妆面设计技巧、步骤与方法

动物彩绘造型

（一）豹子妆面彩绘

> **第一步** 底妆（见图5-2-6）。豹子妆面彩绘的基本底色为棕黄色调，因此可以在嘴唇以外的其他部位涂抹稍浅偏黄的棕色油彩。注意色彩在不同部位有深浅和色差的变化，例如额头及鼻梁处的颜色偏黄偏浅，而眉头上方和鼻翼两侧及颊窝处的颜色则偏棕偏深。

图5-2-6　底妆

> **第二步** 眉毛（见图5-2-7）。用高光色油彩提亮眉弓骨，用深棕色眉笔画出少量眉毛，将眉毛和豹子的毛发融合向上延伸，制作出眼睛下陷的视觉效果。

图5-2-7　眉毛

操作技巧：眼睛化好后，内眼角与外眼角所形成的眼轴角度为30°左右。

第三步 鼻子（见图 5-2-8）。豹子的鼻梁较宽，基本上和鼻翼同宽，因此鼻子两侧的主线条就显得尤为重要了。鼻侧影可沿着此线条向内侧晕染，也可沿着鼻翼的宽度向上进行深色晕染。

图 5-2-8　鼻子

第四步 斑纹（见图 5-2-9）。豹子的斑纹多而杂，但具有一定的规律性，通常来说脸部两侧是基本对称的，可以先用深棕色油彩勾画出斑点的形状，再进行填色。

图 5-2-9　斑纹

操作技巧：用黑色油彩描画黑色鼻头以及鼻侧影之后，一定要用黑色眼影粉晕染，使鼻头和侧影之间过渡自然。

第五步 眼睛（见图 5-2-10）。蘸取眼线膏并顺着睫毛根部画出眼线，眼线在眼尾处略微上挑，眼线整体要黑而粗，内眼角向鼻翼方向有明显的延伸，用黑色眼影晕染眼线。

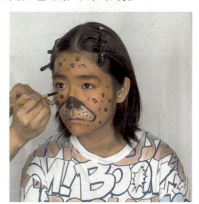

图 5-2-10　眼睛

第六步 胡须（见图 5-2-11）。蘸取白色油彩，在眉毛、眼睛下方、脸颊边缘、下颌等需要的部位刷出毛茸的线条，也可用棕色和白色交替画出毛茸茸的感觉。

图 5-2-11　胡须

操作技巧：每一块斑点上的颜色也是有浓淡深浅变化的，还要考虑到斑点的疏密和大小，一般来说，眼睛周围的斑点小而密，向外有逐渐变大、变稀疏的趋势。

（二）豹子豹纹彩绘

第一步　**豹纹形态**（见图5-2-12）。用浅棕色油彩画出豹纹形态，大小要有区别。

图 5-2-12　豹纹形态

第二步　**轮廓**（见图5-2-13）。用小号勾线笔蘸黑色油彩，用黑色不规则线条画出轮廓。

图 5-2-13　轮廓

操作技巧：豹纹形态大小、形状不一，要错落有致，不要画得过于统一。

第三步　**添加小豹纹**（见图5-2-14）。用小号油彩笔在豹纹之间添加小豹纹，增加层次感。

图 5-2-14　添加小豹纹

操作技巧：添加的小豹纹不要画得过于密集，少许添加增加层次感即可。

任·务·评·价 》》

评价标准		得分			
		分值	学生自评	学生互评	教师评定
准备工作	准备物品齐全	10			
	准备物品干净整齐	5			
	操作者仪容仪表（头发整齐，穿实训服，佩戴工牌）	5			
时间限制	在规定时间内完成任务	10			

续表

	评价标准		得分			
			分值	学生自评	学生互评	教师评定
礼仪素养	在操作中与顾客交流顺畅，动作规范轻柔，化妆台物品整洁		10			
技能操作	造型符合动物特征		15			
	动物面部颜色描画过渡自然，无明显分界线		15			
	底妆、眼睛、睫毛、眉毛、唇部符合造型特点		20			
	妆面与发型相协调		10			
合计						

综·合·运·用

　　化妆师美美接到了豹子彩绘造型的设计工作，她应从哪几方面设计？在设计时应注意些什么？

任务三　创意彩绘造型

　　任务描述： 能够在90分钟内完成创意彩绘整体造型。
　　用具准备： 基础底妆工具、人体彩绘油彩（蓝色、白色）、勾线笔、化妆刷、口红盘、眼影、尖尾梳、发胶、黑色皮筋。
　　实训场地： 化妆实训室（20套桌椅镜台、多媒体大屏、空调）。
　　技能要求： 1. 熟练地掌握创意彩绘造型的特点。
　　　　　　　　　2. 熟练地掌握创意彩绘造型的妆面各部位的描画方法及特点。

知·识·准·备·一　　**创意彩绘造型的特点**

　　所谓创意彩绘造型，是指确定一个主题，并且围绕主题展开想象创作的妆面。以妆容为主，在面部局部位置进行点缀描画。彩绘的部分应该和妆容相呼应。创意彩绘化妆不仅包括基本化妆术、绘画知识、构图的选择、色彩的运用、外形轮廓的刻画以及各种材料的运用等技巧，还需要有独特的创意和直觉的美感。比如眼部妆容，女性多以柔和的线条为主，男性多以硬朗的线条为主。

创意彩绘造型的表现手法是多种多样的，或抽象或具象，或写意泼墨或自然写实，都是对化妆艺术的高度概括。创意彩绘造型以其夸张的艺术表现形式及丰富的创意体现出具象和抽象的主题不同的妆面。创意彩绘造型一般分为线条彩绘、平面单色彩绘、平面多色彩绘和3D立体彩绘。

知·识·准·备·二 ▶▶ 创意彩绘造型的妆面特点

▶▶ **一、底妆表现特点**

底妆颜色可根据不同主题的特点进行选择，可选择米白色或者较浅肤色的粉底，主要突出层次，使妆面更加干净。除了特别要求，一般不使用纯白底妆。

底妆表现特点如图5-3-1所示。

图5-3-1　底妆表现特点

▶▶ **二、构图表现特点**

创意彩绘构图时通过绚丽的色彩、流畅的线条、鲜明的主题，营造出如梦如幻的意境。构图时根据不同勾线笔、排笔运用的技法来进行不同形状的描画。一般将线条、花朵、动物、山川等图案相结合，并根据设计主题选用不同色彩进行搭配。

线条的表现多采用横竖线、水滴线、S线、蝴蝶线、扇形线、U形线等。运用勾线笔进行线条描画时要注意整体的流畅感，应收笔自如，运用排笔进行花瓣描画时要注意整体的色彩变化以及花瓣的层次。

构图表现特点如图5-3-2所示。

图 5-3-2　构图表现特点

三、眼部表现特点

1. 眼影：可用油彩、水溶性水彩或者眼影粉，根据模特的眼睛结构和特点及不同的设计主题的需求，选用适当的眼影色进行晕染，要突出眼部结构的立体感。

2. 眼线：刻意加粗黑眼线，眼尾上扬。

3. 睫毛：粘贴假睫毛，睫毛多选用浓密型与艳丽的妆型相呼应。

眼部表现特点如图 5-3-3 所示。

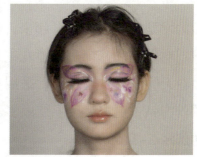

图 5-3-3　眼部表现特点

四、眉毛表现特点

眉毛的描画可根据不同主题的创意选用眼影、眉笔、油彩等进行描画。眉毛色彩的深浅及眉形要根据不同主题需求进行设计。

眉毛表现特点如图 5-3-4 所示。

图 5-3-4　眉毛表现特点

五、唇部表现特点

唇部色彩可根据不同的主题进行搭配，局部也可用亮片、饰品点缀，要与整体色彩相呼应，唇部轮廓应干净立体。

唇部表现特点如图 5-3-5 所示。

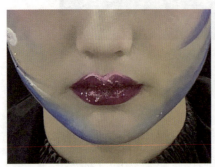

图 5-3-5　唇部表现特点

知·识·准·备·三 ▶▶ 创意彩绘造型的发型特点

创意彩绘造型的发型应与妆容联系起来，整体应搭配协调。通常，如果面部彩绘的面积较大，就应适当减弱对发型的修饰。如浪花主题彩绘造型，选择干净简单的背头造型，可以更加突出妆面；而春天的芭蕾主题发型，采用抽丝的技法更好地突出了发型的灵动，再装饰与妆面色彩相协调的饰品，更加突出了绚丽多彩的春天这一主题。

发型特点如图所示 5-3-6 所示。

图 5-3-6　发型特点

知·识·准·备·四 ▶▶ 创意彩绘造型服饰搭配

根据每个创意彩绘造型的主题及妆面的不同，服饰的选择也不同。如浪花主题彩绘造型的服饰选择黑色系服装即可，与发色协调，可使妆面更加突出；而春天的芭蕾彩绘造型则选择花朵进行装饰，可与主题呼应展现出彩色斑斓的春天。

浪花整体造型如图5-3-7所示，春天的芭蕾整体造型如图5-3-8所示。

图5-3-7 浪花整体造型

图5-3-8 春天的芭蕾整体造型

实·践·操·作 >> 创意彩绘造型

>> 一、创意彩绘造型的妆面设计技巧、步骤与方法

创意彩绘浪花主题视频

（一）浪花主题妆面

第一步 **底妆**（见图5-3-9）。使用偏白的粉底进行打底，全脸涂抹。使用无色透明的散粉定妆。

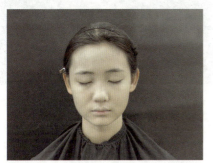

图5-3-9 底妆

第二步 **铺色**（见图5-3-10）。使用蓝色油彩在整个脸部的轮廓边缘处描画，其中在眼部处加宽，注意深浅过渡。

图5-3-10 铺色

操作技巧：蓝色油彩部分可以叠加蓝色眼影上妆，过渡更加自然。

第三步 眼部（见图 5-3-11）。使用白色、紫红色、蓝色眼影进行眼部描画；眼线使用黑色眼线膏进行上扬型眼线的描画，可适当加粗，要与眼影过渡自然；粘贴假睫毛，并用白油彩描画下睫毛，可适当夸张。

图 5-3-11　眼部

第四步 眉毛（见图 5-3-12）。用蓝色眼影填充整个眉毛，再用黑色眉笔在眉头处画出根根分明的野生眉。

图 5-3-12　眉毛

操作技巧：
1. 眼影的白色区域用粉底或者油彩描画更加清晰。
2. 假睫毛可蘸取少量白色油彩或者粉底，增加浪花的感觉，切合主题。

第五步 线条（见图 5-3-13）。用白色、蓝色油彩在眼部、轮廓线、右眼上方进行浪花、海浪线条的描画。

图 5-3-13　线条

第六步 唇部（见图 5-3-14）。使用紫红色口红表现出明显、干净的唇形，嘴角紫色，中间红色，并加以提亮；在局部点缀闪片。

图 5-3-14　唇部

操作技巧：
1. 浪花描画遵循"轻压收"的技法。
2. 唇部点缀闪片的色彩应与妆面色彩协调。
3. 梳子上蘸取定性啫喱更易操作，操作不当的地方可喷湿修正。注意头发与妆容的过渡。

（二）春天的芭蕾主题妆面

春天的芭蕾主题视频

第一步 **底妆**（见图 5-3-15）。使用浅肤色粉底进行打底，使用米色高光膏在鼻梁、下颌进行面部轮廓的构建，用无色透明的散粉定妆。

图 5-3-15　底妆

第二步 **轮廓修饰**（见图 5-3-16）。使用修容粉进行面部轮廓的再次修饰，以增加面部的立体感，应主要突出鼻侧影及下颌线轮廓的修饰。

图 5-3-16　轮廓修饰

操作技巧：

1. 底色选用较浅肤色粉底即可。

2. 选用无色透明的定妆粉进行定妆，定妆粉可厚涂，但要服帖不能卡粉。

3. 面部的轮廓修饰可明显些。

第三步 **铺色**（见图 5-3-17）。使用奶杏色腮红在眼部周围大面积铺色。

图 5-3-17　铺色

第四步 **眼部浅色定型**（见图 5-3-18）。使用水滴形海绵蘸取浅紫色油彩，利用印按的手法在眼部周围进行初步定稿，可更快地勾画出蝴蝶轮廓。

图 5-3-18　眼部浅色定型

操作技巧：

1. 奶杏色腮红在铺色时晕染的面积稍大些，从眼部直至颧骨处。

2. 水滴形海绵蘸取浅紫色水彩时取量要均匀，印按时要注意手法的角度，确保蝴蝶轮廓的清晰度。

第五步 蝴蝶翅膀勾勒（见图 5-3-19）。选用深紫色油彩，在蝴蝶翅膀外轮廓处由外向面部的中间进行晕染。

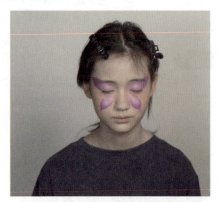

图 5-3-19   蝴蝶翅膀勾勒

第六步 面部花卉（见图 5-3-20）。使用排笔蘸取白、紫两色，运用转笔手法进行大花瓣的描画，用勾线笔运用压花手法进行小花瓣的描画。

图 5-3-20   面部花卉

操作技巧：

1. 蝴蝶翅膀深浅紫色的衔接要自然，越往面部中央色彩越浅。

2. 选择排笔的大小完全取决于花瓣的大小，排笔运用转笔法勾画大花瓣时要与面部成 45°。

3. 点缀小花瓣时，选色要与紫色的蝴蝶色彩协调。

第七步 眉毛（见图 5-3-21）。选用黑色油彩画出线形眉毛。

图 5-3-21   眉毛

第八步 腮红（见 5-3-22）。选用珊瑚红色，采用"晒伤妆"式的腮红打法在鼻梁中部、鼻尖、额头发际线、下颌处进行晕染。

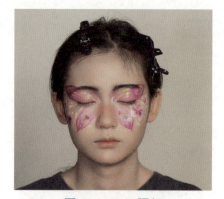

图 5-3-22   腮红

操作技巧：

1. 眉形不宜过粗，可稍黑些，为后面眉部装饰做铺垫。

2. 腮红在鼻部、额头、下颌处晕染要柔和，不能出现明显的边缘线，选色要与整体的色彩相协调。

第九步 唇部（见图 5-3-23）。选用蜜桃色唇泥涂在嘴唇中央，用化妆刷从唇裂线处向外慢慢晕开，使用内深外浅的叠涂法加深唇内，蘸取少许蜜桃色眼影粉在上唇峰间画 V 形并晕染开；用无色透明唇膏在上唇峰、下唇中央做高光提亮。

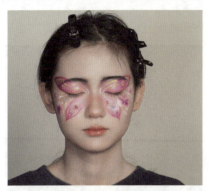
图 5-3-23　唇部

第十步 眼线（见图 5-3-24）。选用黑色油彩在上眼睑中心部位画出一条黑色线条加大双眼皮的宽度，再沿睫毛根部进行眼线描画，眼尾轻轻上扬。

图 5-3-24　眼线

操作技巧：
1. 唇部轮廓清晰，唇色不宜过浓，选用无色透明唇膏进行高光提亮来增加唇部的清透感。
2. 眼线线条流畅，不宜过粗，眼尾轻轻上扬，不可角度太大。

第十一步 睫毛（见图 5-3-25）。夹翘模特自身睫毛后，选用浓密假睫毛紧贴睫毛根处粘贴，将真假睫毛一起用睫毛夹夹翘使之融为一体。

图 5-3-25　睫毛

第十二步 饰品点缀（见图 5-3-26）。选用干花、珍珠、亮钻、绢丝蝴蝶、金属蝴蝶进行面部点缀。

图 5-3-26　饰品点缀

操作技巧：
1. 睫毛选择浓密型，粘贴睫毛后真假睫毛要融为一体不能分层。
2. 面部饰品进行点缀要适中，不可太密，要有空隙感，选用的饰品种类要符合主题特点。

▷▷ 二、创意彩绘造型的发型设计技巧、步骤与方法

（一）浪花主题发型

> **第一步** 准备好梳子和定型啫喱（见图 5-3-27）。

图 5-3-27　梳子和定型啫喱

> **第二步** **头发梳理**（见图 5-3-28）。将头发梳理整齐后扎起即可。可在头发上涂抹少量油彩，与妆容衔接。

图 5-3-28　头发梳理

操作技巧：

1. 梳子上蘸取定型啫喱更易操作，操作不当的地方可喷湿修正。
2. 注意头发与妆容的过渡。

（二）春天的芭蕾主题发型

> **第一步** **卷发棒**（见图 5-3-29）。除刘海部分，其余分区都选用 9 号卷发棒先夹住头发中间的部位，再水平方向转动卷发棒，把发尾及发根部分的头发缠绕到卷发棒的外侧进行加热卷曲。

图 5-3-29　卷发棒平卷

> **第二步** **刘海竖卷内扣**（见图 5-3-30）。选用 13 号卷发棒利用竖卷内扣的方式将刘海部分头发变弯曲。先将头发中间的部位放进夹子跟卷发棒之间，把发尾绕在卷发棒上并夹住，再顺着方向转动卷发棒，把发尾到发根部分的头发缠绕到卷发棒的外侧进行加热卷曲。

图 5-3-30　刘海竖卷内扣

操作技巧：

1. 9 号卷发棒较细适合短直的头发，可做纹理烫、羊毛卷，除刘海外全头都用平卷的方式即可。
2. 刘海头发较短，选用大一号的 13 号卷发棒，采用竖卷内扣的方式进行，注意卷发棒角度前高后低。

第三步 **S形刘海抽丝**（见图5-3-31）。先用柔顺剂将毛发柔顺后，按照头发的纹理走向梳开成S形直接摆放，在抽丝的制高点上用干胶定型定位。

图5-3-31 S形刘海抽丝

第四步 **发辫抽丝**（见图5-3-32）。将后区头发分到右侧并做两股拧绳处理，然后适当抽丝拉松，使其蓬松均匀。

图5-3-32 发辫抽丝

操作技巧：

1. 抽丝处理头发时注意力度要均匀，使发型蓬松而富有空气感。

2. 刘海成S形，侧发辫不易编得太紧，否则不易抽丝。

第五步 **侧边发整理**（见图5-3-33）。两侧头发做C形抽丝造型，然后整理细节，让发型更灵动。

图5-3-33 侧边发整理

第六步 **整体发型装饰**（见图5-3-34）。整体发型完成后，选用合适的花朵对整体发型进行装饰。

图5-3-34 整体发型装饰

操作技巧：

1. 抽丝是按照头发的纹理走向，取头发最外边缘或最表面的头发进行抽丝，一边抽一边用指腹把发丝捋顺成片状，喷发胶定型后，再松开手指。

2. 喷发胶定型时，距离头发20 cm左右，不宜太近；而且发胶不宜喷太多，否则会显得头发很僵硬，失去灵动感。

3. 头饰选择的款式及色彩一定要与表现的主题相呼应。

任·务·评·价 >>

评价标准		得分			
		分值	学生自评	学生互评	教师评定
准备工作	准备物品齐全	10			
	准备物品干净整齐	5			
	操作者仪容仪表（头发整齐，穿实训服，佩戴工牌）	5			
时间限制	在规定时间内完成任务	10			
礼仪素养	在操作中与顾客交流顺畅，动作规范轻柔，化妆台物品整洁	5			
技能操作	整体妆色一致，符合创意彩绘主题	5			
	底妆与肤色自然干净，颈部与面部色彩一致，无明显分界线	10			
	线条、构图描画流畅且生动	5			
	眼部、眉部、腮部图案线条描画符合主题的特点	25			
	妆面与发型相协调	20			
合计					

综·合·运·用 >>

如果你是一名化妆师，接到了创意彩绘造型（中国风）的设计工作，你应从哪几方面设计，在设计时应注意些什么？

单·元·回·顾 >>

彩绘造型不仅包括基本化妆术、绘画知识、构图的选择、色彩的运用、外形轮廓的刻画以及各种材料的运用等技巧，还需要有独特的创意和直觉的美感。学习彩绘造型可以有助于更好地进行色彩搭配，以及妆容与服饰的整体设计。

单元练习

一、判断题

1.晕染法是指将不同颜色融为一体或把颜色由深到浅一层层晕染，呈现立体的效果。
（　　）

2.油彩表现力强，易晕染，但是不易干燥，不易花妆。（　　）

3.通常将晕染法与线条法相结合，两者相互衬托，提升表现力与感染力。（　　）

4.彩绘描画线条时，落笔轻轻走出一条弧线，在转弯处向下压，收笔轻轻抬起，用笔尖带出一条细线。（　　）

5.女性模特多以柔和的线条为主，男性模特多以硬朗的线条为主。（　　）

6.创意彩绘妆表现手法是多彩多样的，或抽象或具象。（　　）

7.彩绘化妆造型中，线是塑造角色的重要因素，因为人的面部五官轮廓就是由许多线组成的，如眉线、眼线、唇线等。（　　）

8.面部彩绘的底妆有点类似于舞台妆，比较厚，因此一定要事先做好护肤工作。（　　）

9.彩绘时一般采用专用的彩绘颜料，如果没有可以用眼影代替，因为眼影种类多，色彩丰富。（　　）

10.妆前应做好充分的护肤工作，精简步骤，做好保湿工作，使底妆更加服帖。（　　）

11.蜜粉有抑制脸部油光的作用。（　　）

12.动物造型的斑纹具有规则性。（　　）

13.动物造型除了需要用到化妆品，还需要用到油彩等工具。（　　）

14.豹子妆容妆面比较繁复，需要加入动物花纹、毛发、胡须等。（　　）

15.表现动物特点的妆面较多地出现在儿童剧中，在歌舞剧及话剧舞台上也经常看到。
（　　）

16.动物妆可以帮助演员更快地进入角色，并让观众形象地理解剧中的人物关系和人物性格特点。（　　）

二、选择题

1.彩绘造型不仅包括（　　）、外形轮廓的刻画以及各种材料的运用等技巧，还需要独特的创意和直觉的美感。

A.基本化妆术　　　　　　　　B.绘画知识

C.构图的选择　　　　　　　　D.色彩的运用

2. 下列不属于彩绘工具的有（　　　）。

    A．油彩　　　　　B．水彩　　　　　C．眼影　　　　　D．口红

3. 易干燥，不易花妆的彩绘颜料是（　　　）

    A．人体彩绘水彩　　　　　　　　B．油彩

    C．蜡笔　　　　　　　　　　　　D．口红

4. 豹子妆面彩绘中豹子画的眼睛是呈（　　　）。

    A．杏仁状　　　　B．细长状　　　　C．柳叶状　　　　D．下垂状

5. 豹子妆面彩绘画好后，内眼角与外眼角所形成的眼轴角度为（　　　）左右。

    A．40°　　　　　B．20°　　　　　C．30°　　　　　D．50°

6. 动物的毛的刻画在写实手法中相当必要，毛和胡须往往放在（　　　）来表现。

    A．开始　　　　　B．打底后　　　　C.过程中间　　　D．最后

7. 动物彩绘造型中，动物的耳朵要体现出动物的（　　　）。

    A．毛绒感　　　　B．硬朗感　　　　C．奇特感　　　D．可爱感

8. 动物彩绘造型中，动物毛和胡须的表现可以使用（　　　）的化妆刷蘸取白色油彩在眉毛、眼睛下面、脸颊边缘、下颌等需要的部位刷毛茸茸的线条。

    A．柔软　　　　　B．纤长　　　　　C．伞状　　　　　D．平头稍硬

三、填空题

1. 面部彩绘的基本技法有（　　　）和（　　　）。

2. 线条在描画时有（　　　）和（　　　）之分。

3. 彩绘化妆使用的颜料有（　　　）和（　　　）。

4. 眼影分为（　　　）和（　　　）两大类。

5. 红色与蓝色混合成（　　　）。

四、画图题

请在下图中设计一款创意类彩绘妆。

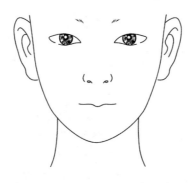